だいわ文庫

これ1冊で！

# 感じよく話せる「大人の言い方」辞典

ベスト・ライフ・ネットワーク

## 言葉を選べる「大人」になろう──**はじめに**

用事を頼んだら「ワタシ的にはOKですけど」と返事する後輩、提案書を出したら「ここんとこ、どうなってるのよ」といきなり質問攻めをはじめる取引先、自分が確認せずに勘違いしたのに「聞いてないんで」と言い訳する部下……。思わずカチンときて、「ものには言い方ってものがあるだろう」と言いたくなった人は多いはず。

でも、あなた自身、口のきき方は大丈夫だろうか。

自分の気持ちや考えをそのままストレートに表現しさえすれば、相手に伝わると思っていたら大間違いだ。言い方いかんによっては、相手を不快にさせ、関係がこじれたりする。相手の立場、その場の状況、会話の内容によって、言いたいことは同じであっても、ふさわしい言い回しを選ばなければならない。

上司に相談するときのひと言、取引先に仕事を依頼するときの言い方、仕事の催促、目上の方へのお詫びの言葉、ご近所づきあいの挨拶など、相手を慮った、年齢相応のものの言い方が求められる。言い換えれば、それができてこそ「大人」の対応である。

本書は、相手の立場や状況に即した言い方を選ぶための実践バイブルである。挨拶言葉から電話応対、商談、お詫びの仕方やほめ方まで、あらゆる場面で使える「うまい」言い方を網羅している。

もちろん、すべてを覚える必要はない。あなたの立場に合わせて自由に組み合わせてほしい。そして必ず使ってみることだ。そうすれば、あなたの「大人力」は飛躍的にアップするとお約束する。

2013年4月　　　　　　ベスト・ライフ・ネットワーク

**これ1冊で! 感じよく話せる「大人の言い方」辞典**

# 目次 contents

## Chapter 3
## 上手に「No」を伝える大人言葉



## Chapter 4
## 「反論」「注文」するときの大人フレーズ



## Chapter 5
## ものごとをスムーズに進める「質問」「確認」の常套句

## Chapter 6
# 「ありがとう」を100%伝える大人言葉



## Chapter 7
# このひと言で相手が喜ぶ「ほめ言葉」



## Chapter 8
# 相手の心に届く「お詫び」の言葉



## Chapter 9
# 気まずい沈黙が怖くなくなる大人の社交言葉

## Chapter 10
## 訪問・来客時のマナーと言葉



## Chapter 11
## 会議・プレゼン・電話応対で恥をかかない大人言葉



## Chapter 12
## お祝い・お見舞い・お悔やみの常識言葉

## Chapter 13
## 感じの良い言葉選びで印象はこんなに変わる



### ▶本書の上手な使い方

本書は、汎用性を高めるために 59 のシチュエーションに分けられている。シチュエーションを踏まえて、相手の立場、関係性から適切なフレーズをお選びいただきたい。

フレーズのあとに簡単な解説を用意している。フレーズとあわせて読めば、日本語の妙味を味わえると同時に、より深く知識が身につくようになっている。

本書は、話し言葉だけでなく、ビジネス上必須である書き言葉にも配慮している。フレーズの最後にあるマークは、書き言葉でも用いられるという印である。

Chapter
# 1

# 「お願い」がかなう
# 大人の言い方

# 切り出しにくい「お願い」も「相談」もこのひと言から

## 折り入ってご相談させていただきたいのですが

「折り入って」とは「深く心を込めて」「ぜひとも」という意味。あなただからこそ、相談に乗ってほしいというニュアンスが込められているので、初対面の相手には使いにくい。

## 私事で恐縮ですが、お願いがございまして

プライベートな頼み事で相手に負担をかけるときは切り出しにくいもの。そんなときに「私のことでわずらわせて申し訳ない」という思いを込めて言う。

## 不躾なお願いなのですが

「不躾《ぶしつけ》」とは「礼を欠くこと」「無礼なこと」。突然で礼を失する、身勝手な頼み事を聞いてほしいという気持ちを表現する。初対面やあまり親しくない人に頼む場合に使える。

## このようなことをお願いするのは心苦しいのですが

引き受けた仕事の延期や中断など、相手が不利益をこうむることを依頼するときに、「失礼であることは重々承知している」という気持ちを伝える。

## まことに申し上げにくいのですが

ビジネスで取引相手に言いにくいことを切り出すときの前置きとして用いることが多い。取引先の悪い点、不備な点を指摘する場合にも使える。

## 身勝手なお願いで恐縮ですが

「身勝手な」という言葉に、こちらが悪いことを自覚しているニュアンスを含んでいる。たとえばこちらの都合に合わせてほしいとき、約束の日時を変更する際などに用いる。

## はなはだ申し上げにくいことではございますが

「まことに申し上げにくいのですが」より、より改まった言い方。「はなはだ」とは、普通の程度をはるかに超えていることを表す。「たいへん」「非常に」という意味。

## まことに恐れながら～願えませんでしょうか

大事な取引先や目上の人に、恐縮しながらお願いを切り出したいときに使う。「恐れながら」は謹んで意見を述べるときの常套句。

# 本題に入る前の大人の常套句

## お手数をおかけしますが

比較的気軽な頼み事をするときや、ある程度親しい相手にお願いするときに用いる定番表現。相手に手間をかけさせる依頼事だが、それほど重い依頼ではない場合に使う。「ご面倒をおかけしますが」とも言う。

## お忙しいところを申し訳ないのですが

人に何かを頼むときに、必ずといっていいほど使う前置きの言葉。相手が実際に忙しいかどうかは問題ではなく、頼みごとをする際の社会人としてのエチケット言葉である。

## お手をわずらわせて恐縮ですが

「相手に手間をかけさせる」ことを「お手をわずらわせる」と表現している点がポイント。取引先や上司に、ちょっとしたお願いをするときに使えば、気遣いの気持ちが伝えられる。

## お差し支えなければ

「お差し支えなければ、ご住所をお教えいただけませんか」などと使う。都合の悪い事情がなければそうしてほしいという表現。相手に選択肢を与えることで、こちらの控えめな気持ちが伝わる言い方。

## お邪魔でなければ

自分を「邪魔ではないか？」とへりくだることで、相手にお願いする言葉。たとえば、相手の家を訪問する、相手と一緒に行動したいときなどに使える。

| お願いする / please, request | 本題に入る前の大人の常套句 |

## ご都合がよろしければ

相手の都合や事情を聞きながらも、相手に依頼する場合の常套句。「明日、ご都合がよろしければ御社に伺ってもよろしいでしょうか」など、時間や日時の都合を聞く場合に用いられる。

## 厚かましいお願いですが

「厚かましい」とは「恥知らずで遠慮がない」こと。「ずうずうしいお願いですが」とも言えるが、ビジネスの場では「厚かましい」を使いたい。

## ご迷惑かとは存じますが

相手に迷惑や負担をかけるお願いをするときに用いる定番のフレーズで、ビジネスだけでなく、日常でも広く使う。それほど相手に迷惑ではない依頼でも、礼儀として用いる決まり文句。

## 恐れ入りますが

一般には「すみませんが」で片付けてしまうだろうが、気が利いた言い方で丁寧なニュアンスを出したいなら、「恐れ入りますが」のほうがよい。

## お時間があるときで結構なのですが

上司や取引先に仕事で教えてほしいことや、確認してほしいことがあるときに添えたいひと言。「すぐにやってほしい」とは伝えるのが難しい場合の便利表現。

## 日ごろのご厚意に甘えまして

取引先など日ごろからお付き合いがあってお世話になっている人に、依頼事をするときの言葉。文書での依頼にも使える。

## 事情をお汲み取りいただきまして

こちらにそれなりの事情がある場合、相手の希望に添いたくても添えないので一考をお願いしたいときなどに使える。たとえば、取引先の希望価格がこちらの状況と合わない、納品日に無理があるなど。

丁寧な依頼で
相手を動かす
キメ言葉

## お力添えを賜りたく

気を遣わなければならない目上の人や上司、大事な取引相手などに、援助や助力を頼むとき、相手を立てて丁寧に言う言葉。「ご助力を賜りたく」「ご助力いただきたく」とも言える。

## お知恵を貸していただけませんか

若い者や経験の少ない者が、目上の相手や経験豊富な人に教えを乞うときに使うフレーズ。相談に乗っていただきつつ力を貸してほしいというニュアンスを伝えられる言い方。

## 事情をご賢察のうえ（お力添えを）お願い申し上げます

「賢察《けんさつ》」とは「察する」という意味で、相手を敬った言葉。取引先や目上の相手にこちらの事情を察してお願い事をかなえてほしいときに使う。かしこまった敬語表現なので、同僚や直属上司には使わない。

## ご配慮願えませんでしょうか

相手にこちらの事情や立場に気を遣ってほしいときに、丁寧に言う言い方。文面で使う場合や、さらに丁寧に言うなら「ご配慮賜りたくお願い申し上げます」と用いる。

## お聞き届けいただけないでしょうか

「聞き届ける」とは「要求や願いなどを聞いて承知する」こと。丁寧な言い方にすることで、「どうしても願いを承知してもらいたい」という強い気持ちが込められている。

## ご善処いただきたくお願い申し上げます

かなり気を遣う相手や、大切な目上の人に、こちらの願いを「どうか前向きに検討してほしい」と伝えるときに使う。「善処する」とは「前向きに検討する」「適切に処置する」の意味。

## ご高配をお願い申し上げます

「高配《こうはい》」とは相手の「気遣い」「配慮」を敬って用いる語。手紙や文書に使うことが多い。「ご配慮願えませんでしょうか」よりさらに丁寧なので、年配の人や肩書きのある人などに用いるとよい。

## ご理解賜りますよう お願い申し上げます

こちらの事情でそうせざるを得ない場面で、相手に同意や理解を求める際の常套句。事務的な文面の結びによく用いられる。

## お骨折りいただきたく お願いいたします

「努力する」「尽力する」ことを「骨折り」と婉曲表現している点がポイント。こちらのために協力してほしい気持ちを伝える丁寧な言い方。

## 〜していただくわけには まいりませんでしょうか

「〜してください」「〜してくれませんか」では、あまりにも直接的。「〜わけにはまいりませんか」という婉曲表現で、平身低頭してお願いしているニュアンスが伝わる。

## よろしくご指導ください

部下や若い人が上司や年配者に、今後のお付き合いを頼む際の言葉。手紙や挨拶の決まり文句に「ご指導、ご鞭撻のほどよろしくお願いします」という言葉があるが、口語ではこのように言いたい。

何としても
聞いてほしい
お願いの殺し文句

## 無理を承知でお願いにあがりました

文字通り、相手にとって「無理なお願い」であることを承知の上での依頼の言葉。無理を言うが特別なはからいをしてほしいという意味なので、使えるのは信頼関係がある相手だけ。もちろん、初対面では使わない。

## ほかに頼れる人もいないものですから

人に依頼をするときに、「お願いできるのはあなたしかいない」という気持ちを伝える。こう言われてしまうと、少しのことなら聞いてあげようという気持ちになるものだ。

## 身勝手なお願いとは承知しておりますが

「身勝手」とは、早い話「わがまま」である。仕事においてわがままは許されないことだが、あえてこのように言うことで、へりくだってお願いしている気持ちを表している。

## そこをなんとかお願いできないでしょうか

取引先に仕事を発注したら断られた、ある講師に講演を依頼したが断られたなどの場面で、「そこをなんとか」と言って頭を下げれば、切羽詰まった状況を相手に伝えることができる。

## そうおっしゃらずに、ぜひ…

こちらの申し出に対し相手が拒否や断りの返事をした場合、そのまま引き下がらずに再度頼み込むときに使う。

## 実績のある御社にぜひともお願いしたいのですが

「実績がある」と言われれば、相手方も悪い気はしない。このように、いったん相手を持ち上げてから依頼する言い方なら、相手もイヤとは言いづらいもの。

## 切にお願い申し上げます

なんとしても相手に聞いてもらいたいときに使う表現。「切に」は書き言葉にはよく使うが、ふだんの会話ではあまり使わないので、かえって切羽詰った状況が伝わるだろう。

## 伏してお願い申し上げます

「伏して」は少し時代がかった言葉であり、これも文面では用いるが会話ではあまり使わない。しかしそのぶん、話し言葉で用いると効果的である。目上の人、年配の相手に使うとよい。

## どうかこの点だけはご理解いただきたく

どうしてもわかってほしい事情を相手に訴えるときのフレーズ。「この点だけは」と限定することで、相手も承諾しやすくなるというもの。

## たってのお願いです

「たっての」と言うことで「やむにやまれぬ」強い思いを表す。差し迫った事情があり、相手にどうしても聞いてほしい場面で使う。ここまで言われては断れないのが人情というもの。

# 会いたい人への「お誘い」のひと言

## ぜひ一度お目にかかりたいのですが

「お目にかかる」は「会う」の謙譲語で、相手への敬意を表す。「お会いしたい」よりも丁寧なニュアンスなので、ビジネス上で大切な方や目上の相手に使いたい。

## お時間をいただけないでしょうか

「ちょっと相談があるんですが……」などと言っていないだろうか。上司や目上の相手に相談事をしたいとき、会って話したいときなどは、この婉曲表現を。

## お時間を頂戴できれば幸甚です

「お時間をいただけないでしょうか」よりもさらに丁寧な表現。「幸甚《こうじん》」は「大変ありがたいこと」の意味で文面に用いるのがふつう。とても気を遣うべき大切な相手、目上の相手に使うといい。

## お伺いしてよろしいでしょうか

「伺う」は「訪問する」の謙譲語で、相手の家や会社を訪ねたいときの一般的な言い方である。「伺ってもいいですか」をより丁寧に表現した言葉。

## ご同席いただけないでしょうか

目上の相手や上司を集まりやパーティに誘うときに言う言葉。「来てください」「おいでください」ではあまりにも直接的な表現なので、相手は強制されているように感じる。

| お願いする |  会いたい人への |
| please , request | 「お誘い」のひと言 |

## お話をうかがわせてください

目上の相手の話を聞きたいときに用いる。「うかがう」には「訪問する」のほかに「聞く」「拝聴する」という意味もある。「お話を聞かせてください」よりも一段スマートな尊敬表現である。

## お連れしたいお店があるのですが

大事な取引先や上司、目上の相手を、自分が知っている店に誘うときに使うひと言。「あなたは店の良さがわかる人だから、ぜひ連れて行きたい」という気持ちが伝わる。

## 皆様お誘い合わせのうえ、お越しください

会合や宴会などに誘う相手が大勢いる場合に使う常套句。案内状などの文面に使われる。ただ、よく使われるフレーズゆえ、相手も儀礼的な言葉として受け取る場合が多い。

## ぜひお立ち寄りください

引っ越しの案内や新年の挨拶の代わりにもよく用いられる定番表現。言葉の裏側には「何かのついでに立ち寄っていただければ」という謙虚な気持ちが読める。

# 相手への リスペクトを示す 「お誘い」の言葉

## お目にかかりたく お願い申し上げます

「お目にかかりたく」は「会いたい」の謙譲語で、相手への敬意を表している。「申し上げる」も「言う」の謙譲語。文面で使われる。会話では「お目にかかれますか」くらいがよい。

## ご引見を賜りたくお願いいたします

「引見《いんけん》」とは「地位の高い人が人を呼んで直接会う」こと。非常に丁寧だが、堅苦しい言い方。会話より文面で使うことが多い。

## 万障お繰り合わせのうえ ご出席いただければ幸甚です

「万障《ばんしょう》お繰り合わせのうえ」とは、そもそも「いろいろ差し障りがあるでしょうが、なんとか出席してほしい」という意味。相手が押しつけがましいと感じる場合もあるので用いる場面に注意。

## ご臨席賜りますよう お願い申し上げます

「臨席《りんせき》」のほかにも「光臨《こうりん》」「来臨《らいりん》」がある。式典やパーティへの出席を願う敬語表現。これも案内状など文面でよく使われるフレーズ。

# 日常的なお願いを丁寧に伝える言葉

## ご教示ください

昨今のビジネスメールなどでもよく見かけるフレーズ。「教示する」とは知識や方法を教え示すこと。「お教えください」よりかしこまった言い方なので、目上の相手や取引先へのメールなどでも使い勝手がいい。

## ご高覧ください

「ご高覧《こうらん》」とはその人が目を通すこと。「ご覧ください」「見てください」より敬意が高く、硬い表現なので、文面で使われる。「ご清覧《せいらん》ください」とも言う。

## ご査収ください

「査収《さしゅう》」とは「金銭、書類、物品などをよく調べて受け取ること」。書類送付の際やファクシミリの送り状、メール文などで、「添付ファイルをご査収ください」などと用いる。「ご確認ください」よりかしこまった言い方。

## ご笑覧ください

「見てください」を敬意を込めて言った言葉。「ご高覧ください」よりへりくだったニュアンスの謙譲語である。「たいしたものではないが」「つまらないものだが」という意味を含む。

## ご確認ください

ビジネスシーンでは頻出する言葉。上司や取引相手に渡した書類や報告書などに目を通してほしいとき、確認してほしいときに使う。「ご高覧」よりも堅苦しくなく、ふだんの会話ではこちらのほうが使いやすい。

## ご一報ください

連絡がほしいときに相手に敬意を払った言い方。「ご連絡ください」より丁寧でスマートである。さらに丁寧に言うなら「ご一報いただけますか」、文書なら「ご一報いただければ幸いです」と用いる。

## お運びください

こちらに来てほしいときに「面倒をかけるが、足を運んで来てください」というニュアンスを込めて言う。似た表現に「ご足労」という言葉があるが、「ご足労をおかけする」とは言えても「ご足労ください」とは言えない。

## お見知りおきください

初めて会う相手に、自己紹介をしながらひと言添える言い方。「これからもよろしくお付き合いください」といったニュアンスで使う。

## ～させていただけますか

ビジネスシーンではよく使われる謙譲表現。「変更させていただけますか」「確認させていただけますか」など、自分の行動について相手の許可を得る場合に使う。

## 拝借してよろしいですか

「拝借」とは借りることをへりくだって言う謙譲語。「お知恵を拝借したい」「お力を拝借したい」などと使う。「お借りしたい」というより丁寧な言い方なので目上の相手に使いたい。

## お返事をお待ちしております

相手からの返事や連絡を急いでほしいときに、「早く返事をください」では、あまりにも直接的すぎる。「お待ちしている」と丁寧な言い方で催促するのが大人の対応である。

# 〜していただけると助かります

相手に何かをしてほしいときに、「助かる」を付け加えることで、よりお願いする気持ちを強調している。「〜していただけますか」というより、相手の引き受ける気持ちも高くなるというもの。

# Chapter 2

# 感じよく「Yes」を伝える大人言葉

# 内容を理解し引き受けることを伝える言い方

## 承知しました

相手の話を理解したと伝える場合、「はい、わかりました」では社会人の対応としては半人前。「了解しました」と言う若い人も多いようだが、目上の相手や取引先には、やはり失礼。「承知しました」が社会人言葉。

## 承りました

「承知しました」より物腰のやわらかい言い方。仕事上の大切な相手や目上の人などに、かしこまって言うときに向いている。

# かしこまりました

「承知しました」より丁寧な言い方で、大事なお客さまや目上の相手に使う。日常的に接している上司には、この言葉は大仰なので、「承知しました」で十分。

# それで問題ございません

取引先の相手やお客さまなどから、依頼されたり何か確認を求められたりした場合、「それでいいです」「OKです」と言うわけにはいかないだろう。すべて問題ないことをしっかり伝える言葉。

# 異存はございません

相手が提示した条件や要求に対して、こちらに異がないことを伝える言葉。少々形式ばった言い方ではあるが、なにも文句のないことを、「承知しました」よりもはっきり伝えられる。

| Yesを伝える | 内容を理解し |
| yes, OK, sure | 引き受けることを伝える言い方 |

# おっしゃる通りで結構です

相手の要求や依頼に対して、異存のないことを伝える言葉。同じ「結構です」でも「もう結構です」の意味にとられるケースがあるので注意が必要である。

# 私でお役に立つのでしたら

相手から協力や援助を頼まれたとき、それを快く引き受ける気持ちを伝える言葉。「いいですよ」では、横柄な態度に受け取られかねないので、大人ならこの言葉を用いたい。

# 及ばずながら 私もお手伝いさせていただきます

「及ばずながら」は「十分にはいかないが」という意。手助けを申し出るときに「自分の力は十分ではないが」と謙遜して使う。ただ、ちょっとした手助けの場合に使うと慇懃無礼に聞こえるので注意。

## 心得ました

相手からの要求や命令に承知したと伝える表現。「承知しました」と同様に、目上の人や社外の相手に使える。

---

**喜んで承諾する気持ちを伝える言葉**

---

## お役に立てれば光栄です

相手に協力したり、物品や資料を提供したりするとき、相手に役立てて欲しい気持ちを伝える常套句。「光栄」は名誉に思うこと。目上の相手や取引先などに使うとよい。

## ぜひ、お手伝いさせてください

事業や新プロジェクトへの参加や協力を求められたとき、やる気をにじませた承諾の返事として使う言葉。上司に抜擢されたときにも、このひと言を。

## 願ってもないお話です

取引先から仕事を発注されるなど、相手の依頼や申し出に対し、承諾とともに感謝を伝えたい場合のフレーズ。「いいお話をいただいて」より、うれしさが相手に伝わる。

## ご指名いただきありがとうございます

取引先から名指しで仕事を依頼されるのは、ビジネスマン冥利に尽きる名誉なこと。そんな場面で「信頼してくださり本当にうれしい」という気持ちを込めて使う言葉。

## お任せください

相手の依頼に対して、自信を持って引き受けるときの答え方。「そこは当社の得意分野ですから、お任せください」というように、こちらの裁量で進めさせてほしいときにも使う。

## 何なりとお申しつけください

気を遣う相手、とくに大切なお客さまや取引先の重役などに協力や手助けしたい旨を伝える言葉。「何でもおっしゃってください」では軽すぎる。

## 精一杯やらせていただきます

上司や取引先から仕事を依頼されたときに、喜んで引き受けて努力することを伝える定番のフレーズ。「精一杯」という言葉で喜びとやる気を表現する。ただ、最近の若い人からあまり聞かなくなったのは残念。

## 私でよろしければ喜んで

これも相手から手助けや協力を求められたときに、快く引き受けることを伝える言い方。「私でよろしければ」と自分の力を謙遜しつつも、喜んで協力する気持ちを表している。

## 誘いを受けるときの感じのよいひと言

## いつでもご連絡お待ちしています

酒席や食事など、相手からの誘いを「心から待っています」という気持ちを伝えるときのフレーズ。「ぜひ電話してください」では横柄な態度に受け取られるのでこのフレーズを。

# 喜んでお供します

「じゃあ行きます」では上司はムッとするだろう。上司や先輩から取引先との打ち合わせに同行するように言われたとき、酒席に誘われたときなどに使えるひと言。

# ご一緒させていただきます

この言い方も、上司や先輩から誘われたときに使える決まり文句。「お供します」よりラフなニュアンスで、若いビジネスマンならこちらの言い方が相応しい。

# お相伴させていただきます

「お相伴《しょうばん》にあずかる」という言い回しで覚えている人も多いかもしれない。「お相伴させていただく」は、相手への敬意を表しているので、たとえば取引先の相手から食事や酒席に誘われたときに使える。

## ぜひ伺わせてください

目上の人から自宅に招かれたとき、得意先から誘いを受けたときなどに、うれしい気持ちを表現する言い方。「ぜひ」をつけることで喜びを強調している。

## お言葉に甘えさせていただきます

厚意や誘いを謹んで受ける際の定番フレーズ。目上の人の自宅に招かれたときなどに、「お言葉に甘えて伺います」などと使える。

## ありがとうございます。ぜひ！

これも食事やイベントなどに誘われたり、家に招かれたりしたとき、うれしさを表現する言い方。先輩や立場が同等な関係の相手には、「伺わせてください」より、これくらいがちょうどよい。

Chapter 3

# 上手に「No」を伝える大人言葉

# 残念な気持ちをにじませる断り方

## お力になりたいのは山々ですが

他人の厄介な頼みを断る際に、「できません」と言ってしまっては角が立つ。相手の苦しい気持ちを気遣って、「協力したい気持ちはあるけれどできない」という言い方を用いる。

## ご事情はお察ししますが

断りの言葉を述べる前に使える、このクッション言葉を覚えておくと便利。たとえ同情の余地がほとんどなくても、社会人なら「あなたのお立場は理解できます」と示すくらいの余裕がほしい。

# 不本意ではございますが

相手の申し出を断るのは「自分の本意ではないのだけれど、仕方なく」という気持ちをにじませた言い方。取引先の依頼を断るときなど「不本意ではございますが」は決まり文句。

# まことに残念ですが

断る際の前置きに使うひと言。個人的な依頼から商談など仕事上のあらゆる場面、また知人やお客さまといったあらゆる相手に使える万能フレーズ。

# まことに心苦しいのですが

「まことに残念ですが」と同じように、引き受けることができず申し訳ない気持ちを表す。「心苦しい」と言ったほうが、よりつらいニュアンスが伝わる。

# せっかくのご提案ですが

相手の提案や申し出を断るときの言い方。わざわざ相手が自分のために案を出してくれたのに、イエスと答えられない残念な気持ちを表した断り方。文面でも使える。

# ぜひやらせていただきたいのですが

このフレーズのように、提案や申し出に興味はあることをまず伝えること。そのあとに、しかしできないという事情を「あいにくその時期は〜」などと続けるのが、大人の断り方。

# 断腸の思いで

「断腸《だんちょう》の思い」とは中国の故事に由来し、腸がちぎれるほどつらい思いを表す。「断腸の思いで辞退いたします」「お断りするのは断腸の思いです」などと使う。

# ほかの方法なら考えられますが

相手の依頼や申し出が無理難題であっても、「お断りします」と即答しては、身も蓋もない。「ほかの方法なら考えられる」と言うことで、相手を立てながら婉曲的に断ることができる。

# 何とかできないものかと考えたのですが

「ほかの方法なら考えられますが」と同様、あなたの依頼を何とか引き受けられないかと検討してみたが、こればかりは難しかったという婉曲表現。相手を傷つけないように気遣った言い方。

# 慎重すぎるかもしれませんが

相手からすれば当然受けてもらえるような好条件を提示されても、こちらとしては断らざるを得ない場合、このひと言が効果的。

# お役に立てず申し訳ないのですが

人から援助や協力を頼まれたとき、相手の気分を害さないように断る定番のフレーズ。「自分に力量がなくて役に立てない」と謙遜しているニュアンスが伝わる。

# 不甲斐ないことで恐縮ですが

「不甲斐《ふがい》ない＝情けない・意気地がない・力が足りない」とあえて言うことで、相手の気持ちを害さずに断る。たとえば、人から保証人や後見人など責任ある立場を求められたときなどに使える。

# 今回は無理なのですが、次回はぜひ

上司や取引先から酒席に誘われたが、都合がつかないときの決まり文句。「今回はたまたま都合がつかないだけであって、お誘い自体はうれしく思っている」というニュアンスが含まれている。

## 私は難しいのですが、代わりに〇〇なら

上司や取引先の担当者から会合などに誘われたものの、都合がつけられない場合、代役なら立てられるという誠意を見せたい。

## せっかくお声をかけてくださいましたのに

お誘いの好意はとてもうれしいが、都合がつかず断らなければならないときの言い方。「せっかくお声を」に残念な思いをにじませて使おう。

## お気持ちは大変ありがたいのですが

相手の誘いや厚意に対して感謝しつつも、その厚意を受けるのを断るときの定番フレーズ。「お心遣いは大変うれしいのですが」「ありがたいお話ですが」とも言える。

# 角を立てずに 仕事の依頼を 断るときの言葉

## 私の一存では お答えいたしかねますので

決定権のない事柄であれば、上司に委ねるという形で、その場ではいったん棚上げにするときに使えるひと言。後日、「上司と相談いたしましたが」と断ることができる。

## 思い出していただけて光栄なのですが

相手が自分（自社）のことを思い出して仕事を依頼してくれたことに感謝しながらも、断わらざるを得ないとき、前置きにつけたいフレーズ。

## ご希望に添えず申し訳ないのですが

相手が希望していることがかなわないときの万能フレーズ。お客さまが希望するものが用意できないときから、要求をかなえられないときまで、さまざまなシーンで使える。

## ご期待に添えず残念なのですが

これも相手の意向に添うことができない場合、謝罪の気持ちを込めた丁寧な断り方。「残念ながらご期待に添える商品がございません」などとも使える。

## お話だけは承りました

取引先から依頼された仕事の条件が厳しくて断りたいのだが、「そこを何とか」と食い下がってくる相手……。こんなときは「お話だけは承りました」と、いったん保留にして後日改めて断るのも手。

## すぐにはお答えできかねますので

その場で白黒をつけることが、よい結果を生むとは限らない。相手から無理な援助や協力を求められたとき、このフレーズで要望に応えるのが難しいことをほのめかせておくのも、人間関係を壊さないコツである。

## よく検討させていただいたうえで

商談でよく耳にする定番フレーズ。相手の提示した条件や提案をすぐに拒絶するのは角が立つ。たとえ断る可能性が高くても、ここは「検討させていただいたうえで」と言っておくほうがいい。

## もう一度考えさせていただけないでしょうか

取引先がこちらの希望に合わない条件を提示してきたときなどに、「社内でもう一度検討させてほしい」などといったん保留にして、満足していないことを婉曲的に伝える言い方。

| Noを伝える / no , decline | 角を立てずに仕事の依頼を断るときの言葉 |

## また改めてご相談させてください

交渉において条件面で折り合いがつかなくても、別の方法がないかをもう一度検討したいときに使える。相手との関係を切らずに、着地点を見つけるのが大人の交渉術である。

## よんどころない事情がございまして

自分ではどうにもならない厄介な事情を抱えているとき、それをいちいち相手に説明できないときに使う。「よんどころない」とは、「やむをえない」の意。

## なにとぞ、ご了承いただけないでしょうか

相手の依頼や申し出をこちらが引き受けられないことを、「どうかわかってほしい」というメッセージをのせて断る言い方。「なにとぞ」は相手に強く望むときの言葉。お願いの言い方を借りて、丁寧に断っている。

# きっぱり「No」を伝えたいときの言葉

## ご要望には添いかねます

相手にはっきりと「ノー」を伝えるときのひと言。「添いかねます」と丁寧な表現を用いているが、拒否の程度は強いので、使うときには注意が必要。

## 今回は見送らせてください

取引先からの企画提案が通らなかった場合などに使える定番表現。「今回は」という言葉で、相手との関係を大切に考えている気持ちを伝えている。

## 今回は遠慮させていただきます

誘いや協力の申し出などを断るときの言い方。「遠慮」は慎み控えること、「させていただく」は謙譲表現である。相手を立てながらも明確に断りたいときに使う。

## どうぞお汲み取りください

相手の要求や依頼に対し、それを引き受けられない事情があるニュアンスを強調しながら、No は伝わる言い方。文面では「どうぞお汲み取りくださいますようお願い申し上げます」と使う。

## ご協力いたしかねます

相手から依頼や援助を求められたものの、明らかに難しいときは、曖昧に言葉を濁すのではなくこのフレーズを使うとよい。丁寧な言葉ではあるが、きっぱりと拒否を伝えている。

## どうかご容赦願います

ビジネス上で大事なお客さまや取引先なので、むげに拒否もできないというときの格好の台詞。きわめて腰を低くし、お詫びしながら断る言い方。

## ご無理をおっしゃらないでください

依頼を断っても粘り腰を見せる取引先などに使いたいフレーズ。冗談っぽく「そんなご無理をおっしゃらないでくださいよ」などと使っても。

## たいへん困惑しております

ビジネスシーンでは、まったくの筋違いの援助や協力などを依頼をされることがある。そんなときに、面食らって困っていることを相手に伝える上手な言い方。

## いかんともしがたい状況です

「どうしようもない」と言っては、あまりにも横柄。「いかんともしがたい」というフレーズで、こちらの逼迫したニュアンスが伝えられる。



# 目上の人からの食事やお酒の誘いを断る言い方

## せっかくのお誘いですが

相手からの食事やイベントなどの誘いを断りたいとき、「行かれません」と返すのでは子どもの会話。「せっかくのお誘い」という言葉を付け足して、誘ってくれたことに感謝を示すのが礼儀。

## あいにく動かせない用事が入っておりまして

上司や取引先から酒席などに誘われたときの賢い断り方。用事が入っているかどうかは問題ではない。「ほんとうは行きたい」というニュアンスをにじませて、相手の気分を害さないよう気遣うことが大事。

## 以前からの約束がありまして

これも「あいにく動かせない用事が入っておりまして」と同じで、相手の気分を害さずに断る、うまい言い方。「先約が入っている」と伝えることで、残念な気持ちをのせている。

## ぜひご一緒したいのですが、あいにく…

上司や先輩に誘われたとき、相手を立てながら断る定番フレーズ。「ご一緒したいのですが」のひと言を加えるのがポイント。

| --- | --- |

# 不調法なものですから

酒席で酒を勧められたとき、カラオケで歌うことを求められた際、婉曲的に断る台詞。やや古めかしい言葉なのであまり使わないが、年配の相手には効果的。

# 今日は残念ですが、ぜひ次の機会に

誘う側にとっては、一度断られると次は誘いにくいもの。上司や先輩の誘いを断るとき、「ぜひ次の機会に」のひと言を忘れないように。

# また何かの折に
# ぜひ声をかけてください

知人や近所の人の誘いを断るとき、声をかけてくれたことに感謝している気持ちを伝えながら言う言葉。この気遣いが周囲と上手にやっていくコツである。

# 仕事の依頼をスマートに辞退する言い方

## 大変ありがたいお話ですが、私では力不足ではと

重責あるポストへの就任を要請されたりした際の定番の断り方。「自分の力不足が問題である」と、へりくだることで、上手に断っている。

## お力になれそうにありません

自分には力量がないことを示して、相手の依頼を断る言い方。婉曲的な表現ではあるが、希望に応えられないことをはっきりと伝えられる。個人への依頼だけでなく、会社として依頼に応えられない場面でも使える言い方。

# 身に余るお話ですが

自分を評価してくれたことに感謝しつつも断るときのフレーズ。このあとに「私には務まりそうにありません」と続ける。社長や重役からの直々の依頼や重大な案件にかかわる場面など、フォーマルな場面で使うのが相応しい。

# 私にはもったいないお話です

「身に余るお話ですが」より一般的な断り方。「私にはもったいない」と自分を一段下に置いて相手を立てているうまい表現。

# 私より適任の方がおられます

自分よりもっと能力の高い人がいると伝えることで、断る方法。「私にはできません」では、社会人失格である。

## とてもその任ではございません

「私より適任の方がおられます」などと同様、自分にはその仕事や役目が勝ちすぎるというときの断り方。やや形式ばった言い方なので、気をつかう上司や目上の相手などに用いるとよい。

## 私には荷が重すぎるかと

責任の重い仕事や大役を依頼されたとき、自分の力不足を理由にして断るときの丁寧な表現。「私にはもったいないお話です」と同様、幅広く使える。

## 安請け合いして かえってご迷惑をおかけしては

「安請け合い」とは、軽々しく引き受けること。つまり、「あなたの依頼を引き受けるのは簡単ですが、結局あなたに迷惑をかけることになる」という理由にかこつけて断る表現。

# 贈り物をさりげなく断る言い方



## お気持ちだけいただいておきます

ビジネスシーンでは、贈り物や祝儀など金品を渡されて困ってしまうときがある。そんなときは「あなたの厚意だけで十分ですよ」という断り方がスマートである。

## どうかお気遣いなく

相手に援助や協力をしたことに対し、お礼の物品やこころざしなどが過分な場合がある。それでは負担になるので断りたいときに、このひと言を用いて断るとよい。

## お心遣いは 大変ありがたいのですが

これも「どうかお気遣いなく」と同様、相手の気遣いがかえってこちらの負担になるとき、相手を傷つけない断り方。文面でも用いられる。

## かえって申し訳ないですから

贈り物をもらう理由もさしてないのに渡されたとき、このフレーズで断れる。「かえって申し訳ない」と言えば、こちらの心苦しい気持ちが伝わる。

## もう十分にいただいておりますので

たとえば、目上の相手からお礼や贈り物や報酬を過分に受けていて、それ以上は受け取れないときの断り方。相手の厚意に感謝しつつ、その厚意が負担であることをやんわりと伝えている。

## 拝辞させていただきます

「拝辞《はいじ》」とは辞退すること。ふだんの会話ではあまり使わない。たとえば、取引先からの付け届けなどを断る際、「弊社では関係各社のご贈答は、すべて拝辞させていただいております」などと使う。

## お金の無心のうまい断り方

## 先立つものがございません

知人や友人、仕事相手からの借金の依頼は困りものである。むげに断れば薄情な人と思われるので断り方が難しい。そこで「こちらにもお金がない」ことを理由にうまく断るのがこの言い方。

## 私もつらいのですが

知人や友人からお金を借りたいと言われたとき、「貸したいのは山々だが自分もお金がなくてつらい」と断るのが定石。この言葉は、お金を貸せない自分の不甲斐なさをも強調している。

## あいにくこちらも余裕がなくて

「私もつらいのですが」と同様、貸したい気持ちはあるが、こちらもお金がないことを「余裕がなくて」と伝える表現。

## ご窮状はお察ししますが

相手の困った状況を理解していることを伝えながら断る言い方。取引先からの融資を断るときなどに使える。このあとに「このような始末で心より申し訳なく存じます」などと続ける。

Chapter 4

# 「反論」「注文」するときの大人フレーズ

# ズバリ鋭く
# 反論する言い方

## おっしゃることはわかりますが

相手と意見が食い違う場合、こちらの意見や事情もわかってほしいときの定番フレーズ。「あなたの言いたいことは十分わかっていますよ」と一拍置くことで、相手も聞く耳を持つというもの。

## あなたの立場もわかりますが

相手の気分を害することなく反論するのは難しい。端から「それは違う」では言い争いになる。まずは相手の立場を認めたうえで、自分の主張を押し出すのがコツ。

## このようなことは言いたくないのですが

同等程度の立場の相手なら、このひと言がよい。「できることならあなたに反論や注文はしたくない」という気持ちを示しておけば、その後の雰囲気を損ねずにすむ。

## あえて申し上げますが

ややフォーマルな場面で使う言葉。「あえて」には「ほんとうは言いにくいことだが、どうしても言わなくては」というニュアンスを表している。

## そうおっしゃいますが

相手の主張や意見を聞いたうえで、「やはり別の立場、あるいは視点から考えれば……」と反論する際に使う。丁寧な言葉だが、意外ときつい印象を与えるので、使う際には注意が必要。

## お約束と違うのではないでしょうか

取引先からの条件や内容が、最初のときと変わってきたことを指摘したいときのひと言。「話が違う」ことを「お約束と違うのでは」という言い方で表現している。

目上の人の
機嫌をそこねずに
言い返す言い方

## それはいかがなものでしょう

相手の主張が違っていることを指摘するとき、相手に疑問を呈する形で言う方法もある。ややフォーマルな言い方であるが、「そうおっしゃいますが」よりは、物腰はやわらかくなる。

## お言葉を返すようですが

相手の見解に異を唱えるとき、できるだけ不快感を与えないための前置きのひと言。ただし、言い方によっては慇懃無礼な印象を持たれかねない場合もあるので注意したい。

## いまひとつわからない点がございまして

上司や目上の相手などの意見に納得できないとき、さすがに「それはおかしい」と直接には言えない。このような場合、「自分がわからないので教えてください」というスタンスが有効である。

## ご承知のとおり

たとえば商談の折、相手の提示する条件や内容が事前の約束と違っていたり、こちらの意見を反映しないものだったりした場合、すでに理解しているはずだと前置きして反論する言い方。

## 私の記憶違いかもしれませんが

上司の指示や主張が明らかに間違っていても、それをズバッと指摘したのでは角が立つ。上司の立場に配慮して、このフレーズを前置きに入れられてこそ、大人というもの。

## 少し誤解があるようですが

相手の認識が間違っているとき、婉曲的に指摘する定番表現。「少し」を付け加えることで、「そんなにたいした問題ではないのですが」というニュアンスを表現している。

## 身のほどを知らず生意気なことを言うようですが

「未熟者の私が発言することははばかられる」と、へりくだった表現。かなり目上の人や地位の高い相手向けのフレーズ。少々大げさな言い方なので、ふだんの会話には向かない。

| 反論する・注文をつける | 目上の人の機嫌をそこねずに言い返す言い方 |
| --- | --- |
| refutation , offer | |

## 確認させていただきたいのですが

上司や取引先が提示した仕事の内容が、自分の承知していた内容と違っていたときに使える。婉曲表現ではあるが、このひと言を加えることで、納得していないことを匂わせつつ前向きに方向性や詳細を確認できる。

## 私がさきほど申し上げたのは

自分の意見が、相手に誤解されていたり、いまひとつ理解されていなかったりしたとき、「そんなこと言ってません」ではスマートではない。もう一度説明し直す前に、このひと言を。

## 大変申し上げにくいのですが

相手の間違いを指摘したり反論したりする際の万能フレーズ。相手の立場に配慮して、「こんなこと言うのは本意ではないのだが」という気持ちをにじませている。

## 別の角度から見てみますと

一応は相手の意見を認めたうえで、別の解釈や意見もあることを伝えるうまい言い方。やんわりと相手に反論するときによく使われる。

角を立てずに注文をつける大人の言い方

## 僭越ながら

若者のうちの何人がこの言葉を知っているだろう。「僭越《せんえつ》」とは「自分の立場や地位を越えて出すぎたことをする」、「ながら」は「ではありますが」の意。つまり、「出すぎたことですが」とへりくだった表現である。

## あれこれ申し上げて恐縮なのですが

取引先の相手に仕事を進めるうえで注文をつけるときや、お客さまに対して販売条件を示すときなどに使える。特にビジネスでは、こちらの「お願い」を恐縮しながら伝える態度が必要である。

## お願いの仕方が悪かったのかもしれませんが

相手がこちらの要求や希望を理解してくれなかったり、間違えていたりした場合に何と言えばよいのか？　「あなたが悪い」ではなく、「こちらのお願いの仕方が悪い」とあえて言うのが正解。

## よいと思うのですが、ひとつだけ

相手の主張や意見の一部を認めたうえで、自分の意見も受け入れてほしいときの言い方。最初にほめることで、全面的な反論や疑問ではないことが相手に伝わる。

## 欲を言えば

「ここが不満です」では直接的すぎる。提示された条件や内容にプラスアルファを要求したいときに、「今のままでも不足はない」と思っていることを伝える表現。親しい間柄なら「欲張りを申してすみません」でもよい。

## ～すると さらに良くなると思うのですが

「欲を言えば」の応用バージョン。相手が提示した内容にまだ足りない点や満足できない点があるとき、相手の気持ちを逆撫でしないように言う言葉。

## 強いて言えばこの部分を

こちらも「欲を言えば」と同様の言い方。たとえば練り上げた案や仕上げた仕事があと もう一歩のときなどに使いたいフレーズ。不満な点があるのだが、それを「強いて言えば」という言葉で婉曲的に表現している。

## いろいろおっしゃるお客さまもいらっしゃるので

商品見本や出来上がったサンプルにまだ不満がある場合、それを指摘する前置き表現として使えるフレーズ。「お客さまのニーズ」にかこつけたうまい表現である。これでは相手も了解せざるを得ない。



# 激しい怒りや抗議を伝える言葉

## はなはだ遺憾に存じます

「遺憾《いかん》」とは「こちらの期待とは違い、とても残念なこと」で、相手の行為に対してたいへん残念だと抗議する際に使われる定番表現。ちょっと政治家的な言い回し。

# 理解に苦しみます

相手の発言や行動などに対して受け入れられない、納得できないという気持ちを表す。腹立たしくても感情的になっては事態がこじれるだけ。ここは冷静に抗議することを心がけたい。

# 見識を疑わざるを得ません

相手の考え方や判断に呆れていることを伝える言い方。一見、丁寧な言葉だが、かなり強いニュアンスである。文面でよく使われる。

# あまりにも急なお話で

急な仕事の依頼や要望、約束の変更などが突然出された場合に用いる。「いきなり言われても困る」「前もって言って欲しい」と言いたいところだが、そこは大人ならこの婉曲表現を覚えておきたい。

## 首を傾げざるを得ません

相手の要求や言い分が受け入れられない、理解できないというときの言い方。「あなたの常識を疑ってしまう」という、皮肉まじりのニュアンスがある。

## これは弱りましたね

誤発注や納期遅滞など、仕事ではトラブルがつきものである。その際に、こちらが困っていることを相手に伝える言い方。ただ「困りました」と言うより、深刻な状況にあることを伝えられる。

## 今回ばかりは参りました

大変な迷惑をこうむっていることを伝える抗議の台詞。相当に困った状況にあることを直接責めるのではなく伝えられる。「これは弱りました」の応用フレーズ。

# 頭を抱えています

自分も苦境におちいり、あれこれと解決方法を探しているが、よい策が見出せなくて困っている、という婉曲表現。困惑と抗議の気持ちを伝える言い方。

# 途方に暮れております

これも「頭を抱えている」と同様の表現。解決策を模索したが答えが出せずに、困っている状態を言う決まり文句。どうしたらよいかわからない気持ちを伝えることで相手に抗議している。

# 承服いたしかねます

相手の要請や提示された内容が、納得できるものではないときの返事の仕方。ややフォーマルな言い方で、文書などで用いられるケースが多い。

## 進退きわまりました

追い詰められてなす術がない状況を示すことで抗議するひと言。たとえば、取引先が支払い期日を守ってくれなかったために決済ができず、困り果てているときなどに使う。

## 明確なご回答をいただきませんと

約束の納期を過ぎても商品が上がらず、いつできるのかの連絡もない……。こんなときは「いつになるんだ！」と怒鳴るよりも「時期につきまして明確なご回答を」とクールに抗議したい。

## どういう了見でしょうか

相手の行為ややり方に怒っている気持ちを強く表す言葉。「了見《りょうけん》」とは「考え、思案」のことで、おもに「了見が狭い」などと悪い意味で使われることが多い。

|---|---|---|

# 看過できません

「失敗をこれまでは何度か許してきたが、今度は見過ごすことはできない」と怒りを伝える言葉。こればかりは許せないというニュアンスが含まれる。文面による抗議でよく用いられる。

Chapter 5

# ものごとをスムーズに進める「質問」「確認」の常套句

# 目上の相手に失礼にならない質問のしかた

## 二、三、質問をしてもよろしいでしょうか

「ちょっと質問してもいいですか」ではあまりに幼い。取引先との商談や上司との打ち合わせの最中に、確認しておきたいことが出てきた場合の巧みな聞き方。切り出すタイミングを見計らって質問したい。

## 念のためお尋ねしたいのですが

商談や打ち合わせで、一度聞いたことを再度確認するとき、また両者の理解を共通にするための言葉。こちらが真剣に対応しているという丁寧さも伝えられる。

# ～とおっしゃいますと

相手の意見に疑問が生じた、曖昧さが残ったというときに、もう一度言ってほしいと促すフレーズ。「～とおっしゃいますと、こういうことでしょうか？」などと確認するとよい。



# 出し抜けに申し訳ありませんが

「出し抜けに」は「予告なしに」ということ。今まで付き合いはあるものの、相談をもちかけたことのない相手の知恵を借りたい。そんなときこそ、このひと言を添えてから。

# 少々お考えをうかがいたいのですが

ある問題について、「その説明ではわからない」と言ってしまってはあまりに露骨である。相手の意見や考えを尋ねるなら、失礼にならないように言い換えるべき。

| 質問・確認する | 目上の相手に |
| ask a question , confirm | 失礼にならない質問のしかた |

# 理解が足りず申し訳ないのですが

相手の言いたいことはわかっていても、あえてこの前置きを使えば、気分を害さずに質問することができる。「あなたのご説明に不足があるわけではありません」というメッセージが伝わる言葉。

# 私が間違っていたら申し訳ありません

相手に尋ねる内容が、自分の勘違いや誤解から生じた質問であったら申し訳ないと、へりくだった尋ね方。「誤解がありましたら申し訳ありません」などとも言える。

# すでにご検討かとは思いますが

取引先に業務上の提案などをする際に、こちらが提案するまでもないかもしれない、というニュアンスでこのような前置きを入れるのが、大人の言い方である。

| 質問・確認する | 目上の相手に失礼にならない質問のしかた |
|---|---|
| ask a question, confirm | |

# いかが思われますか

ある問題やテーマについて、目上の人や上司はどう考えているかを尋ねるときのオーソドックスな聞き方。自分と同等の相手に対してなら「どう思います？」でOK。

# ～ということでよろしいでしょうか

相手の発言の内容を再度確認するとき、またこちらからの条件やプランに対して、相手の同意を確認するときに使える表現。若者言葉「～ですよね」は、社会では通用しない。

# 教えていただけると助かります

目上の相手、上司や先輩などに、教えを請うときの言い回し。本当はわかっていることでも、あえてこう言うことで、相手の考えを尊重するニュアンスが伝えられる。

# 聞きづらいことを質問するときの言葉

## つかぬことをうかがいますが

相手に少し聞きにくい内容を尋ねるときの前置きフレーズ。よく用いられる場面は、お金の話や家庭の事情を尋ねるときなどであろうか。「つかぬこと」とは「それまでの話と関係ないこと」という意味。

## 失礼とは存じますが

プライベートなことなど、聞いては相手に失礼かもしれない内容を尋ねるときの前置きとして使う。ビジネスでも近所付き合いでも幅広く使えるので覚えておくと便利。

# 差し支えなければお聞かせください

「差し支えなければ」は「あなたがかまわないのなら」の意。相手への配慮をにじませつつプライバシーに関わることなどをあらたまって尋ねるときによく使われる。

# 立ち入ったことをうかがいますが

「差し支えなければお聞かせください」の変則バージョン。質問内容が夫婦関係、恋愛関係や会社の内情などに及ぶとき、質問の前置きとして使う言い回し。

# お教えいただける範囲内で結構なのですが

相手が答えるのをためらうような内容の質問をする場合に使う。「すべて答えることは無理でしょうが」「話せる部分だけで結構です」と、相手の立場を尊重しているニュアンスが表現できる。

## 実際のところはどうなのでしょう

相手の答えの信憑性が問題ではなく、改めて表向きでない実状を訊きたいときに使われる表現。「A社は新たな開発に着手したようですが、実際のところはどうなのでしょう」というように使う。

確認しながら
話を進める
ときの言葉

## わかりづらいところはございませんか

商談や打ち合わせのときなど、内容を相手が理解しているかを確かめる尋ね方。「理解しましたか」「わかりましたか」では、詰問調になりあまりに失礼である。

## このように考えているのですが

相手が述べる意見や主張に対し、自分の理解と異なることを婉曲的に述べるときに使う。また、この方向で仕事や話を進めて大丈夫かどうかを確認するときにも使える。

## ここまではご理解いただけるのではと思いますが

商談において、どの部分が同意でき、どの部分は同意できないかを、双方ではっきりさせることは大事である。その境界線を確認する際に使えるのがこのフレーズ。

## 二つほど不明な点があるのですが

相手の説明がひととおり終わったところで、そこまでの疑問点を確認する際の言い方。前向きな結論のためにも、あいまいな点は早めにつぶしておいたほうがいい。

## 何か条件などはございますか

話し合い中の事案について、確認しそこねている制約や、計画に Go を出すためのポイントなどを確認できれば、あとの話がぐっとしやすくなる。できる人は、この質問を要所要所でさりげなく使うもの。

# お願いごとの進捗や返事を確認したいときには

## せかすようで申し訳ないのですが

ビジネスで納期厳守は常識だから、相手に納期の確認をするケースも頻繁にあるだろう。そんなとき、ただ「どうでしょう？」と聞くのではなく、このくらいの前置きは入れるようにしたい。

## ご相談の件の進捗はいかがでしょう

目上の相手や取引先などに、いま進めている企画やプロジェクトの進行具合を尋ねるときに使えるフレーズ。本当は急いでほしいときにも、あえて確認の形で「進捗《しんちょく》」をうかがうのがスマートである。

## お送りしたメールは届いておりますでしょうか

メールがすでに届いていることは、お互いにわかっている。「メールを見て、次に対処してくれているかどうか」が知りたいときに、催促をメールの確認で代用しているのがこの言い方のミソ。

## お手伝いできることはありますか

「お送りしたメールは届いておりますでしょうか」の変則フレーズ。実際に手伝うかどうかは問題ではない。言外には「進行が遅れているようだが、大丈夫ですか」という確認がある。

| 質問・確認する | お願いごとの進捗や返事を確認したいときには |
| ask a question , confirm | |

## ご面倒をお願いしていながら恐縮なのですが

すでに依頼している状況で、納期の確認をしたいときなどは、このひと言を挟みたい。たとえば、厄介な仕事を頼んでいることは承知しているが何とか期日までに仕事を終えてほしいと伝える際に用いるフレーズ。

## お手の空いたときにご確認いただきたいのですが

いくらこちらが急いでいても、お客さまや得意先を相手に「すぐに確認してほしい」とは言えないもの。「お手の空いたときに」のひと言がほしい。どうしても急ぐときは、「恐縮ですが」と前置きして期限を伝える。

## お返事(ご一報)だけでもいただければありがたく存じます

確認のお願いをする際の定番フレーズ。こちらの依頼に対して相手が本当に検討しているか否かをはっきりさせたいとき、「お返事だけでも」という言葉で言い換えているのが妙味。「ご一報～」ならより切迫感が伝わる。

Chapter 6

# 「ありがとう」を 100%伝える大人言葉

# シンプルに感謝が伝わる話し方

## ご厚意に感謝します

たんに「感謝します」と言うよりも、「ご厚意に」の言葉を入れて伝えたい。相手の配慮に触れることで、ありがたく思う気持ちをよりアピールできる。

## ご丁寧にありがとうございます

相手の応対や心遣いに感謝するときに用いる万能フレーズ。「ありがとう」だけでなく、「ご丁寧に」のひと言をつけるだけで、こちらの気遣いも伝わるというものである。

## ご親切にありがとうございます

「ご丁寧にありがとうございます」の応用フレーズ。たとえば、道順を快く教えてくれた、落とし物を拾ってくれたなど、ちょっとした善意のお礼に使える。

## ありがたく甘えさせていただきます

目上の人や知人などから、自分にとってありがたい申し出を受け入れるときに使えるひと言。厚意に甘えると表現することで、恐縮している気持ちも伝えられる。

## おかげさまで大変助かりました

「おかげさま」のひと言に「あなたのおかげで」という気持ちが込められている。このフレーズもさまざまな場面で相手を選ばず幅広く使える。

# その節はありがとうございました

お世話になった相手などに、後日会う機会があったときに述べる第一声。そのときにお礼を述べたら終わりというのではなく、「厚意を忘れていませんよ」というメッセージを伝えることが大事。

# うれしく存じます

目上の相手や年配者に、丁重に感謝の気持ちを述べるときに使えるひと言。「ありがたく存じます」の言い換えも可能。手紙などにもよく用いられる。

# おほめにあずかり恐縮です

「恐縮です」という言葉を使うことで、謙虚な気持ちが表せる。使用場面としては、地位の高い相手や得意先などから、自社や自分の部下についてほめられたときなど。

# 大きな喜びの気持ちを伝える言葉



## 恩にきます

周囲から何か手助けしてもらったとき、やや気軽にお礼を述べる場合に使えるひと言。相手から受けた親切に感謝を伝えるフレーズだが、目上の相手に使うと失礼なので要注意。

## 望外の喜びです

「望外」とは「自分が望んでいた以上によいこと」の意。つまり、相手からの思いがけないほどの厚意や評価に対し、たいへんうれしいという気持ちを表すときに使う。

## 思いもよらずありがたいことで

期待していなかったのに親切にしてもらったときなどに、感謝の気持ちを伝える言葉。「思いもよらず」のひと言に、予想外の喜びのニュアンスがのせられている。

## ただただ、感謝申し上げます

このフレーズのポイントは「ただただ」。このひと言を付け加えるだけで、お礼の言葉が生きてくる。目上の人からとてもうれしい申し出などを受けた場合、これ以上の喜びはないという気持ちが表現できる。

## こんなにうれしいことはありません

相手の心遣いへの感謝を表す場面のほか、相手の尽力のおかげで物事がうまく運んだときなど、さまざまな場面で使える応用範囲の広い便利なフレーズ。

## ご親切が身にしみます

自分がひどく困っているとき、人から親切にされたり気を遣ったりしてもらえれば、やはりうれしいもの。そのうれしさを「身にしみます」というひと言に凝縮している。

## 願ってもないことです

「願ってもないこと」とは「願ってもかなえられないこと」の意。それがかなった喜びの大きさと感謝を表したいときには、ぜひこのひと言を。

## 夢にも思っていませんでした

とてもうれしい気持ちを「夢にも思っていなかった」という言葉で強調した言い方。ただし、ちょっとした好意や善意に対して使うと、大仰な感じがするので注意を。

# 相手を立てる丁寧な感謝の言葉

## お心遣い、ありがとうございます

あらゆる場面で感謝を述べるときに使える万能フレーズ。さらに目上の方から同等の人まで、さまざまな立場の相手に使えるので、便利な言葉である。

## お心にかけていただきありがとうございます

目上の相手や上司に使えるフレーズ。自分のことを気にかけてくれていたことに対して、感謝するときに言う。相手を立てて、リスペクトする気持ちをにじませた言葉。

## これも○○さんのおかげです

協力やアドバイスをしてもらったことによってうまくいった、とお礼を述べる言葉。○○さんと具体的な名前を出すことがポイント。「ほかの誰でもない、あなたです」というニュアンスが表現できる。

## お骨折りいただきありがとうございました

相手の協力や手助けに感謝するときに使う表現である。「お骨折り」という言葉に面倒をかけたものの、おかげでうまくいった、というお礼の気持ちが加味されている。

## ○○さんにお願いして正解でした

「あなたでよかった。ほかの人ではこうはできなかった」と他人と比較して相手を持ち上げるのがミソ。たとえば、面倒な仕事を頼んだところ、期待以上に仕上げてくれたというときなど。

| 感謝を伝える thank , gratitude | 相手を立てる 丁寧な感謝の言葉 |

## ほんとうに助かりました

人の協力や援助によって自分が助けられたときの言い方。汎用性が高い感謝の言葉。目上の相手よりも、知人や友人、気の置けない関係の人に使いやすいシンプルな謝辞である。

## これからもご相談にのってください

「あなたの助言や助力のおかげでうまくいきました」と伝えたあとには、「ありがとうございました」だけではなく、この言葉を添えたい。感謝の真実味が伝えられる。

## なんとお礼を申し上げていいのか、言葉もありません

「言葉もない」という言い方に、どれだけ感謝してもしきれないという強い思いが込められている。深い感謝の気持ちを伝えたいときのひと言。

## お心遣い、痛み入ります

P.103の「ご親切が身にしみます」などよりはフォーマルな表現。「痛み入る」は、「相手の配慮や親切に深く感じ入る」という意味。相手の心遣いに対して、恐縮している気持ちも表されている。

## ひとかたならぬ ご尽力をいただきまして

お世話になったり、援助をしてもらったりしたときに感謝の気持ちを伝える表現。「ひとかたならぬ」は「並ひととおりではない」の意。「昨年はひとかたならぬご高配を賜り」のように、手紙などでよく使われる。

## おかげさまで

物事がうまく運んだときに、援助や助力をしてくれた相手を立てて、感謝の気持ちを述べる際に使う前置きのフレーズ。挨拶の言葉として儀礼的に使う場合も多い。

## お力添えいただきありがとうございます

何らかの助言や協力をしてくれた相手に対して、お礼を述べる言葉。「お力添え」のほかに「ご尽力いただき」「ご協力いただき」と言い換えてもよい。

## ご配慮くださり深謝いたしております

「深謝《しんしゃ》」とは「深く感謝すること」で、ただ「感謝している」というよりも、へりくだって礼を述べる際に使う。目上の人や地位の高い人、得意先などの相手に用いる。

## 過分なおこころざしをいただきまして

「こころざし」とは、そもそも謝意を表すために贈る金品のこと。相手が示してくれた厚意、思いやりを「こころざし」と表現して、敬意を払いつつ感謝を述べる言葉である。

# 贈り物への礼状に添えたい感謝と気配りを伝える言葉



## 結構なお品をいただきまして

中元や歳暮、祝いの品などの贈答品をいただいたときのお礼に使われる定番表現。礼状でよく見かける言葉であるが、会話でもＯＫ。

## お心遣いの品を頂戴いたしまして

これも「結構なお品をいただきまして」と同じで、贈答品をいただいた場合のお礼のフレーズ。「お心遣いの品」「頂戴する」という言葉で、前項よりさらに丁寧な言い方になっている。

## いつもながらのお心遣い ありがとうございます

常日頃から中元・歳暮、年賀状などの礼を欠かさない相手への礼状には「いつもながらの」という言葉を添えて、深い感謝の気持ちを込めよう。

## あたたかなお心づくし 感謝申し上げます

礼状で使われるフレーズ。相手から贈られてきた品物が「ただの儀礼的な物ではなく、真心のこもった物でとても感激している」というニュアンスを表現できる。

## 一言御礼にて失礼いたします

お祝いの品物をいただいた、中元、歳暮をもらったときは、葉書一枚でよいので、すみやかに礼状を出すのが礼儀。その葉書の最後に添えるひと言が、この結びの言葉。

| 感謝を伝える / thank, gratitude | 贈り物への礼状に添えたい感謝と気配りを伝える言葉 |

## 略儀ながら一言御礼にて

「一言御礼にて失礼いたします」の応用バージョン。「急いでお礼を言いたかったので、略儀だが葉書で述べさせてもらう」という意味のひと言。こちらも葉書で礼状を出す際の定番フレーズ。

## まずは書中にて
## お礼申し上げます

この言葉も礼状の定番中の定番。贈答品をいただいたら、とくにお礼は早く述べるのが鉄則。「本来ならお礼にうかがうべきところですが、とり急ぎお手紙でお礼を申し上げます」という意味。こちらは手紙に使う言葉。

## お体大切にお過ごしください

このフレーズが、礼状・手紙などの結びの言葉としてもっとも使いやすいだろう。相手の健康や活躍を祈る言葉を最後に添えるのが、手紙でのマナーであることを忘れずに。

| 感謝を伝える | 贈り物への礼状に |
| thank , gratitude | 添えたい感謝と気配りを伝える言葉 |

## ご自愛のほどお祈り申し上げます

礼状に限らず、手紙文の最後に添える定番の結びの言葉。「ご自分のお体を大切にしてください」という意味。「ご自愛ください」は会話ではあまり用いられない。

## 御身おいといくださいませ

文面でしか見かけない表現。少し古風な格式ばった言い方なので、年配者や地位の高い相手に使うとよい。「いとう」とは「かばう」「いたわる」の意。「お体を大切に」を丁寧にした言い回し。

# Chapter 7

# このひと言で相手が喜ぶ「ほめ言葉」

| ほめ言葉 | 嫌味なくサラリとほめる |
| good , great , fantastic | うまい言い方 |

# 嫌味なくサラリとほめるうまい言い方

## さすがですね

「すごいですね」より、こちらのほうがやや上品に聞こえる。「奥さまの料理の腕はさすがですね」「入選されたとは、さすが課長のご子息ですね」など、幅広く使える。「勉強になります」と続ければ、相手への敬意も示せる。

## 目のつけどころが違いますね

洞察力や発想が優れていることをほめる言葉。部下や目下の者が、上司や先輩、目上の相手を持ち上げるときの定番フレーズ。ただし乱用すると、お調子者とのレッテルを貼られることに。

## おっしゃるとおりですね

相手の意見や主張の的確さに感服したときのひと言。もちろん、会話中のあいづちのひとつとしても使える。「はい」「ええ」「なるほど」などのあいづちに混ぜ、ここぞというときにこのひと言を。

## よくご存じですね

さまざまな情報をよく知っている、知識が深いことをほめる言葉。一方で、近所の内情や社内のスキャンダルなどにくわしい噂好きに対して皮肉っぽく言う場合もある。

## さすが、鋭いですね

上司や先輩、取引先との会話で、指摘の的確さをほめるときのひと言。フランクな言い方だが、思わず口に出たといった口調なら、失礼とは取られないだろう。

## 驚きました

依頼した仕事や相手の提案の成果などが期待以上だったときには、このひと言が効果的。簡潔なひと言だが、こちらが感心している真実味が伝わる。

## 私にはちょっと真似できません

自分にはできないと言うことで、相対的に相手を持ち上げるほめ言葉。能力だけでなく、行動や人柄などに幅広く使える。たとえば、「あなたのお客さまへの細やかな気配りは、私には真似できません」など。

## 頭が下がります

相手の努力や頑張りに対して、とてもかなわないという気持ちを込めて言う。ただし、上司や目上の相手に使うと失礼になるので、自分と同等の立場の人や、せいぜい親しい先輩くらいにとどめておくほうが無難。

## ご経験が豊かですね

さまざまな職種の経験があったり、異業種、異分野での実践的な知識を持っている相手などに対して、これまでの経歴への敬意を示す言葉。経歴をほめるというのは、会話上手のテクニックのひとつである。

## 意外な一面をお持ちですね

お付き合いをするなかで、それまで知らなかった相手の別の一面が垣間見えるエピソードなどが話題にのぼることがある。素晴らしい技能や趣味、実績を持っていることを知ったときに、サラリとほめる言い方。

## いいご趣味をお持ちですね

会話を弾ませたいときに使いたい定番のフレーズ。相手の趣味を話題にしてほめれば、間違いなく相手も話にのってくるはずである。

## お目が高いですね

相手の目利きぶりをほめるときのフレーズ。たとえば、「この車を選ぶとは、さすがお目が高い」というように使う。ただし気安く使うと、歯の浮くようなお世辞にしか聞こえないので注意しよう。

## 風格が違いますね

ベテランの相手の仕事振りや発言、スピーチなどをほめるときに使いたい言葉。「さすがですね」だけだと、ややありきたりに聞こえるが、「さすがの風格ですね」などと言えば、ひと味違うほめ方になる。

## 初めて見ました

「何人もの先輩に同行させていただきましたが、こんなにスムーズに契約に進んだケースを初めて見ました」などと使う。相手を持ち上げる言い方だが、使いすぎると「初めて」の価値が下がるので、ここぞという場面で。

# 敬意をもって相手をほめる言い方

## 感服いたしました

「部長のあのときのご判断には感服いたしました」などというように、目上の相手の実力に深く感心し尊敬する気持ちを込め、賞賛する言い方。「感心する」は目下にしか使えないが、「感服する」は目上の相手に使える。

## 心を打たれました

目上の相手や上司が、感動的な話をしてくれたときに、「いい話でした」では芸がない。そんなときは「心を打たれました」と言えば、相手へのリスペクトも表せる。

# 感銘を受けました

「心を打たれました」と同じく、相手の言動や仕事などに深く感動したときに、敬意を込めて言う言葉。「感銘」は目上の相手にも使える言葉。

# お言葉を胸に刻みました

地位の高い人や目上の相手から心のこもった忠告や励ましの言葉を言われたとき、ただたんに「ありがとうございました」ですましていないだろうか。ここは、感激を丁寧に伝えたい。

# 得心いたしました

若い人はあまり聞かない言葉かもしれない。「得心《とくしん》する」とは「十分納得する」こと。上司や目上の人の言葉などに、「その内容に感銘を受けた、よく理解した、心から受け入れた」という気持ちを伝える言い方。

| ほめ言葉 | 感謝とともに |
| --- | --- |
| good, great, fantastic | 相手を立てるほめ言葉 |

## 感謝とともに相手を立てるほめ言葉

### 大変勉強になります

ここでの「勉強になる」とは、「ためになる」という意味。上司や目上の相手の教えが示唆に富んでいて役に立つことを、感謝しほめるフレーズ。また、YES とも NO とも言いにくい場面のあいづちとしても使える。

### ハッとさせられました

上司や先輩の叱咤激励は、あなたのため。それまで気づかなかったことを気づかせてくれた相手には、感謝と敬意を伝えたい。

| ほめ言葉 | 感謝とともに |
| --- | --- |
| good , great , fantastic | 相手を立てるほめ言葉 |

## 私ではとてもこうはいきません

仕事上のトラブルを上司が難なく解決してくれたときなどに、敬意を込めて述べるひと言。「自分では難しかった」と自分を下げることで相手を立てている。

## ○○さんにご相談してよかったです

身に起こったトラブルや困ったことを相談し、解決できた暁(あかつき)には、「ありがとうございます」のあとにこの台詞を添えたい。相手の名前を言うことで「ほかの誰でもない、○○さんの素晴らしさ」を強調できる。

## ○○さんがいなかったらどうなっていたか

手助けや協力がなければ、仕事を仕上げることができなかった、トラブルを解決することは不可能だったというときの決まり文句。「あなたの力がなにより必要だった」と持ち上げてほめる言葉。

Chapter 8

# 相手の心に届く「お詫び」の言葉

# 社会人なら知っておきたい「スミマセン」のバリエーション

## 申し訳ありません

同等の立場の人にも、目上の相手にも使えるもっとも基本のフレーズ。「申し訳ない」に「弁解の余地がない」「心苦しい」という意。また、謝罪のほかに依頼や頼み事を断るときにも使われる。

## お許しください

「申し訳ありません」と同様に、このフレーズもさまざまな謝罪の場面で使える。「不義理をお許しください」「失礼をお許しください」のように、何に対する謝罪かを明確にして使われることが多い。

## 失礼いたしました

もしあなたが若手ビジネスマンなら謝罪は日常茶飯事だろう。でも、いつも「すみません」一辺倒で許してもらえるほど、社会は甘くない。「失礼しました」は、ちょっとした礼儀を失したときに詫びる言葉。

## お詫びいたします

文面では、「お詫び申し上げます」という言い回しで用いられることが多い。この言葉もさまざまな謝罪の場面に使える基本型のひとつ。

## 面目ありません

「面目ない」とは「恥ずかしくて顔向けできない」という意味。依頼された仕事や用件を果たすことができなかったときなどに、申し訳ない気持ちを込めて言う。「面目次第もございません」なら、より書面的な言い方。

# ご指摘のとおりです

上司や取引先などにミスや間違いを指摘されたときや、気づかなかった問題点を示唆されたときなどに使える。「あなたの言うとおりです。私が間違っておりました」という気持ちを込めて使おう。

# 申し開きもできません

仕事上でトラブルが起きて取引先に迷惑をかけた際、その非がすべて自分にあることを認めて使う。P.137 の「弁解の余地もございません」と、ほぼ同義。

# お恥ずかしい限りです

自分の無知や力不足を認めつつ謝罪する言い方。やや軽い失態の場合に使われるケースが多い。ビジネス上でも使えるが、近所付き合いといったふだんの日常会話でもよく用いられる。

## 合わせる顔もございません

前に触れた「面目ない」の応用バージョン。「相手の前に出られないほど恥じ入っている」ことを表現する言い方。上司や取引先、目上の相手に謝るときに使いたい。

## 身の置き所もありません

会社や取引先に損失や迷惑を与えてしまったときなどに、平身低頭して言う言葉。恥ずかしくていたたまれない気持ちを「身の置き所もない」と言い換えている。

## 心苦しい限りです

自分の言動が相手に不利益をもたらしそうな場面、相手の期待や要望に十分応えられないときなどに、すまない気持ちを表す言い方。「限り」は「きわみ」「最上」の意で「きわめて心苦しい」こと。目上の相手に使いたい。

# あってはならないことでした

決して起こしてはいけないミスや失態、失策を詫びる際の言葉。二度と繰り返さないという決意とともに使うべし。

# 悔やまれてなりません

自分がしてしまったことを後悔していると言うことで、深い反省を表現している。ビジネス上だけでなく、近所付き合いといったふだんの日常会話でも用いられる。

# 深謝申し上げます

「深謝《しんしゃ》」は文字通り「深く謝る」こと。取引先に迷惑をかけた、得意先を怒らせてしまったというときの詫び状などで用いる。文面で使うことが多い言葉。

## 猛省しております

「猛省」は反省をより強調した言葉。「厳しく反省している」こと。自分のミスでトラブルが起きた、守るべき納期に遅れたときなどに用いる。

## 非を認めて謝罪する大人の常套句

## 私が至りませんで

自分の浅慮やミスにより仕事に支障をきたしたときなどに、上司や目上の相手に謝る言い回し。「至りませんで」のあとに「申し訳ありません」などと続けて詫びるのが一般的。

| 謝る・お詫びする<br>sorry , apologize | 非を認めて謝罪する<br>大人の常套句 |
|---|---|

# 私の不注意で

ビジネスでは、ちょっとした不注意や油断が、周囲に迷惑を及ぼすことが多々ある。自分の過ちを認めて謝るときの前置きフレーズ。

# 私の力不足で

最初から仕事ができる人などいない。それを素直に認めて「私の力不足で申し訳ありません」と言えるだろうか。依頼に対して No を言う際にもこの言葉を使えば、相手のせいで断るのではないというニュアンスが伝わる。

# 気が回りませんで

取引先を酒席に接待した際、気が利かず手酌をさせてしまったときなど、「気が回りませんですみません」などと使う。深刻な場面ではなく、軽いお詫びに。

## 不躾にも

「不躾《ぶしつけ》」の意味は「礼を欠くこと」「無作法なこと」。「不躾にもお呼び立ていたしましてすみません」「不躾にもこのようなお願いをしてしまい」のように、相手に手間をかけさせたことに対しても使われる。

## 言葉が足りず

相手が話の内容を理解していないとき、誤解のせいで話がうまく進まなくなったときに、「それは誤解です」と言うのは失礼。まずは「言い方が悪くて」と相手を立ててから説明を加えたい。

## ご迷惑をおかけしてしまい

自分の非を詫びるときは、言い訳じみた理由を並べるよりも、なにより誠意を伝えることが大事である。相手に迷惑をかけていてもいなくても、まずはこのひと言から。

## お手をわずらわせてしまい

誰かに面倒をかけてしまったときの定番フレーズ。丁寧な表現なので、目上の相手に謝るとき、取引先や上司などに使いたい。

## このたびはお騒がせしました

周りの人に心配をかけたときに言う決まり文句。ただ、さほど迷惑をかけてなくても、挨拶代わりに用いる場合がある。「ご心配をおかけしました」に近いニュアンスで使える。

## 考えが及びませんでした

自分の判断や予想が甘かったことを反省した言い回し。それなりに考えていたのだが、現実には、それ以上に厳しかったというニュアンスを伝えられる。相手のせいではなく自分のせいだと認めて謝る言い方。

## 決してしてはならないことでした

やるべきでないことをしてしまったときに使うフレーズ。「無断欠勤など決してしてはならないことでした」のように、自分の行為を全否定して猛省していることを伝える言葉。

## 私の不徳のいたすところです

自分が未熟なために、トラブルを起こしてしまったと謝罪する言葉。「不徳」は「行なうべき道に反する」の意。ややフォーマルな言い方なので、手紙や目上の相手に使いたい。

## お詫びの言葉もありません

重大な失態を演じ、相手にたいへんな迷惑をかけたとき、「謝っても許してもらえることではないことは重々承知している」という気持ちを伝える言葉。P.126の「申し開きもできません」と同じような言い方。

# 不勉強で申し訳ありませんでした

為すべき努力を怠ったために相手に不利益をもたらしたときなどに使う。ある分野についての知識が不足していることを恥じる際にも用いる。

# 不行き届きで
# まことに申し訳ございません

気配りや注意が足りずに失態を演じたことを詫びる言葉。必ずしも自分に落ち度はなくても、「行き届きませんで」などと謝罪することが必要なときもある。

# 私の失態でご迷惑をおかけしました

相手に迷惑をかけた原因が、自分にあることを認めたうえで謝罪する言い回し。「みっともないところをお見せしてすみませんでした」などと続ければ、恥じ入る気持ちを伝えられる。

## とんだ不始末で
## ご心配をおかけしました

「不始末」とは人に迷惑がかかる行ないの意。「当社の不始末で納期が遅れて」「息子のとんだ不始末でお騒がせし」など、ビジネスでもふだんの会話でも使える言葉。

## 行き違いがございまして
## 失礼いたしました

たとえ相手が連絡を怠ったり勝手に誤解した場合でも、この言い方なら相手を責めずに話を進められる。連絡を密にすることはビジネスの基本。こんな謝罪をせずにすむよう、こまめなコミュニケーションを心がけよう。

## 伏してお詫び申し上げます

目上の相手や年配の方に丁寧に謝るときに用いる。「伏して」は「切に、くれぐれも」の意。「お詫び申し上げる」に「伏して」を添えて、よりあらたまったニュアンスを表している。

## 浅慮を恥じるばかりです

「浅慮《せんりょ》」は文字通り「考えがあさはかな」こと。自分の考えが浅かったことを恥じる言葉。やや古めかしい言葉で会話ではあまり聞かないが、それだけにこのひと言を使えば、年配者には一目置かれるだろう。

## 慙愧に堪えません

この言葉を初めて目にする人もいるかもしれない。「慙愧《ざんき》」とは、反省して深く恥じ入ること。「堪えない」は「我慢できない」の意。失態を恥じ、我慢できないほど自責の念にかられていることを伝える。

## 汗顔の至りです

この言葉も知らない若者が多いかもしれない。「汗顔《かんがん》」とは「顔から汗が吹き出るほど恥ずかしい」ということ。言葉で発しただけではわかりにくい言い方なので、詫び状などに用いることが多い。

謝る・お詫びする
sorry , apologize

非を認めて謝罪する
大人の常套句

## 非礼（失礼）をお詫びいたします

取引先に対し自分の態度や言動に失礼があったとき、または部下の失礼を上司が代わって謝るときに使われる。「非礼（失礼）の数々、お詫びいたします」などとも言う。

## 弁解の余地もございません

すべて自分の落ち度に原因があるとはっきりしているときや、言い訳のしようがない局面での謝り方。同じような言い方に「申し開きもできません」がある。

## 深く反省いたしております

自分の落ち度に対して謝罪するときに言う定番表現。さまざまな場面で使える万能フレーズだが、それだけにありきたりな言い方という印象を与えかねないので注意したい。

# 関係修復につなげるこのひと言

## ご指摘くださりありがとうございます

客商売においてよく使われるフレーズかもしれない。商品への疑問やクレームに対して、それが事実かどうかはともかく、まずはこのひと言述べるのが基本である。

## 以後、細心の注意を払います

自分の不注意を反省して、以後は厳重に注意する覚悟でいることを伝える言い方。今後の姿勢を表明することも、お詫びでは重要な要素である。

# なにとぞお許しください

下手な言い訳をしないのが謝罪の鉄則である。このフレーズでは、「お許しください」という謝り方に「なにとぞ」を添えて許しを請う気持ちを強調している。

# 平にご容赦ください

「平《ひら》に」は相手に懇願するときに使う言葉で「なにとぞ」の意。「ご容赦ください」はかしこまった表現なので、よく詫び状に用いられるが、目上や年配の相手になら会話で用いてもよい。

# どうかご寛恕くださいますよう

「寛恕《かんじょ》」とはそもそも「心が広く人を許す」の意。大きな過失を丁重に詫びるときに使える言葉。フォーマルな言い方なので、詫び状などで用いられる。

## ご海容のほどお願いいたします

この言葉も知らない人が多いだろう。「海容《かいよう》」とは「海のように広い心で人を許すこと」。「寛恕」と同じニュアンスの謝罪言葉で、手紙で使われる表現。

## なにとぞ、寛大なご処置(ご措置)をお願い申し上げます

重大な失策・失敗を詫びる際の言い方。取引先に納品した商品に欠陥が見つかったなどのトラブルで始末書を書くときの末尾に登場するのがこの言葉。

## 今回限りはお許しくださいますよう

間違いを起こしてしまったこと自体は取り返しがつかないが、次回は決してミスをおかさないと誓い、「だから今回に限っては許してほしい」と次につながる姿勢を見せることが大切である。

## 今後はこのような不手際のないよう

二度と同じ失態はしないという覚悟を伝える言い方。自分の落ち度を詫びる場合と、上司が部下の落ち度を詫びて「不手際のないよう指導する」という使い方がある。

## ○○様のお顔を潰すことのないよう

名指しすることで誠意を強調した謝り方。取引先の担当者に叱責されたとき、担当者の名前を出して「今後は○○様の立場を悪くするようなことは決してしない」と誓うフレーズ。

## 今後は一層注意をいたす所存ですので

P.138の「以後、細心の注意を払います」と同じ意味だが、よりフォーマルな言い方を用いて丁重さを表現している。「始末書」や「詫び状」などの文面に相応しい表現。

## ご厚意に背くことのないようにいたします

相手に迷惑を与えるような失態をしたものの、相手が許してくれたというとき、その厚意に感謝して二度と迷惑はかけないと伝える言葉。

## 二度とないよう肝に銘じます

「肝に銘じる」とは「心に留めて決して忘れないこと」。失態を演じた者が、上司や取引先に、深く反省し二度と過ちは繰り返さないことを伝えるときに使う言葉。

## 今後もお役に立てるよう精一杯努めてまいります

謝罪したあと、反省をふまえて今後の姿勢を問われることがある。このフレーズのように、もっと役に立つよう努めるという前向きのひと言を添えると、関係修復に効果がある。

## 今後ともご指導賜りますよう

ビジネス文書の末尾に添える結びの定番表現。「ご指導ご鞭撻を賜りますよう」とも言う。お詫びの言葉の最後に、今後も導き激励を続けてほしいと願い、円満な関係を保つための言葉を加えたい。

## 衷心よりお願い申し上げます

「衷心《ちゅうしん》」とは「心の底から」「心から」という意。このフレーズで今後もより良いお付き合いを願い、詫び状を締めくくりたい。お詫びの際、「衷心よりお詫び申し上げます」とも使える。

## これに懲りずに今後ともよろしくお願いします

取引先への挨拶から日常の会話においてもよく用いられる言い回し。「迷惑をかけてしまったけれど、これからも長く付き合ってほしい」という気持ちを伝える定番フレーズ。

# 今後ともご高庇賜りますよう

「高庇《こうひ》」とは、人から受ける厚意や援助を敬って言う言葉。詫び状の最後に添えれば相手への敬意が伝わる。会話では馴染みがないが、「在職中は格別のご高庇を賜り…」などと、退職の挨拶状などにも使われる。

Chapter 9

# 気まずい沈黙が怖くなくなる大人の社交言葉

# ばったり知人と会ったときの大人のひと言

## お出かけですか

いまどきの都会では、挨拶はおろか隣の人の顔も知らないことも多いかもしれない。せめて顔を合わせたときくらいは挨拶を。ご近所の人が外出するのを見かけたときの定番のフレーズ。

## ご無沙汰しております

「沙汰」は「便り」のこと。しばらく会わず、また便りもしていなかった相手に対して使う。ビジネス上でも、隣人同士の日常会話でも、挨拶文にも頻繁に使われる基本フレーズ。大人なら当然使いこなしたい。

## お変わりありませんか

久しぶりに会った知人への挨拶言葉。「ご無沙汰しています」のあとに続けて言うとよい。体の健康だけでなく、仕事、家族、暮らしぶりなどまで気遣っている気持ちを伝えている。

## その節はお世話になりました

以前にお世話になった人に再会したとき、ぜひ使いたい言葉。「お力添えいただいたことを忘れていませんよ」というメッセージになる。「お世話になっております」はビジネスでも多用するフレーズ。

## 皆さまお元気ですか

知人のみならず、その人の家族のことまで気遣って尋ねる挨拶。ただし、あくまで気遣いの気持ちであって、その後の会話で、家族の内情を詮索することのないように。

## これは珍しいところで

出会いそうもないところで、知人に偶然に会ったときの第一声。しかし、なぜこの場所にいるのかといった細かい事情は聞かないのが大人のマナー。

# 日本人ならではの季節の挨拶言葉

## 明日あたりが満開ですね

春になると気になるのが桜前線。日本人の桜好きは世界でも有名である。桜は春先の挨拶代わりに使いやすいキーワード。桜シーズンが過ぎてしまったら、「もう葉桜の季節になりましたね」。

# 日が長くなってきましたね

四季の訪れに敏感な日本人は、花見の頃に日が長くなったことを、また紅葉の頃には日が短くなったことを挨拶代わりに話題にする。春の日長を喜ぶ気持ちを相手と共有できるひと言。

# 今年の蒸し暑さは特別ですね

梅雨どきや夏には「暑さ」を挨拶代わりに口にする。「今日も暑いですね」は夏の挨拶の常套句だが、それだけだと「暑いですね」「そうですね」で終わってしまう。少し形を変えてこんな台詞も使いたい。

# 暑さは彼岸までというけれど、ホントですね

秋のお彼岸の頃に使える挨拶。「暑さ寒さも彼岸まで」というとおり、夏の暑さも冬の寒さも、春秋の彼岸を境に緩まり、それ以後は過ごしやすくなる。「涼しくなりましたね」で終わらせない会話のためのひと言。

## (朝晩は)すっかり しのぎやすくなりましたね

９月末から10月にかけては、日中は暑さが残っているものの朝晩はすっかり秋めく頃。そこで秋の到来を「しのぎやすくなった」という言葉で挨拶に使う。品のある大人の挨拶言葉。

## 今年は紅葉が例年より早いですね

桜の開花を喜ぶのと同様、秋の紅葉を愛でるのが日本人。秋も深まってくると、紅葉シーズンの到来である。社会人なら、紅葉の話題もひとつくらい用意しておきたいものだ。

## いよいよ今年も 押し詰まってきましたね

暮れが近づいてあわただしい時期を、出会った人と分かち合う年末ならではの挨拶。ほかに「あと〇日余りで、今年も終わりですね」なども使える。

# 沈黙が怖くなくなる大人の挨拶言葉

## 今日はとくに暑い（寒い・あたたかい・風が強い）ですね

会話の間を持たせるのに格好の話題は、天気と季節に関するもの。当たり障りがなく、誰もが関心を持つ話題なので、とにかく沈黙を破りたいなら、ありきたりでよいので、まずこのひと言を。

## お早いですね

早朝から外出する近所の人や、ふだんより早く出勤してきた上司や先輩に出会ったとき、相手を気遣って言う。「おはようございます」のあとにこのひと言が効果的。

## 遅くまで大変ですね

ようやく残業を終えて、いざ帰宅――。「お先に失礼します」だけでは、ちょっと事務的でそっけない。まだ残業している人を見かけたなら、もうひと言を添えてほしい。

## お忙しそうですね

久しぶりに会った取引先の相手に挨拶するとき、「忙しそうでなにより」と言う気持ちを込めつつ、ねぎらいや気遣いをも伝えるひと言。社交言葉の定番表現である。

## ご活躍でうらやましい限りです

相手の能力や会社を称賛するお決まりフレーズ。「うらやましい」という表現で、相手を持ち上げている。「ご活躍ですね」なら目上の相手にも使える。

## お元気そうでなによりです

よく使われる場面は、目上の相手や高齢の方に出会ったとき、ほかには、病気で入院していた人が退院し、その相手に久しぶりに会ったときの挨拶にも。

初対面でも
言葉に詰まらない
使える社交言葉

## いつも○○がお世話になっております

自分の家族がお世話になっている、会社のスタッフと仕事上の付き合いがあるときなど、自分は直接かかわっていなくても、代わって厚意の礼を述べるのが礼儀。

## ご挨拶が遅れまして申し訳ありません

日頃から付き合いのある取引先なのに挨拶の機会を逸してしまい、やっと相手に会う機会が持てたときの台詞。「こちらからの挨拶が遅れた」とへりくだって言うのがマナーである。

## ご一緒できて光栄です

目上の相手や上司と行動を共にすることになったとき、目下の者から相手を立てて言うひと言。相手へのリスペクトが伝えられる表現。また、新しく仕事をはじめる際の取引先への挨拶にも使える。

## お噂はかねがね

共通の知り合いがいたり、世間でも評判の相手に初めて会ったときの挨拶の言葉。「かねてから評判を聞いている」という意味の台詞なので、若手に言うと嫌味になることも。

| 使える社交言葉 | 初対面でも言葉に詰まらない使える社交言葉 |
| --- | --- |
| phatic language | |

# ○○さんはこれからが楽しみですね

取引先の若手スタッフや、上司・知人の子どもなどを持ち上げるときに使う台詞。いまの活躍を見れば、将来はもっと期待できるとほめる言い方。身内をほめられて悪い気はしないもの。

# またご一緒させてください

上司や先輩と仕事で行動を共にしたとき、また接待や食事を一緒にしたとき、「ありがとうございます」だけでは物足りない。このひと言を添えることで、よりうれしい気持ちを伝えるのが社交上手。

# またよろしくお願いします

今後の変わりないお付き合いを依頼する言葉で、ビジネス上でも近所同士でも使える社交言葉。ただ、ありきたりの印象があるので、ほかのフレーズと組み合わせて用いたい。

## これをご縁にお付き合いください

何かのきっかけで知り合いになった相手や、初めて仕事を一緒にした取引先に用いるフレーズ。今後も切れることなく、あなたと付き合いたいという親愛の気持ちを言葉にのせている。

## このあと、一杯(少し)いかがですか

昔よりずいぶん減ったとはいえ、ノミニケーションは今も健在。相手を飲みに誘うときの定番フレーズ。気軽に誘う言葉なので、親しい間柄の場合に使える。

## 今度、お食事でも

親しくなりつつある取引先の相手との別れ際に使うひと言。食事に誘っているが「今度」と、明確に日時を指定しているわけではないので、たんなる挨拶として使われる場合も。

# 気配りが伝わる ねぎらい・なぐさめの言葉

## さぞお疲れになりましたでしょう

相手に厄介な出来事が起こり、疲労困憊《こんぱい》しているときにかけたい言葉。「お疲れさまでした」と言い切るところを、あえて尋ねるような言い方で、相手へのいたわりがより表現できる。

## 本当にご苦労さまでした

まず注意したいのは、「ご苦労さま」は目下の者が目上の相手に使う言葉ではないという点。上司や先輩が、部下の仕事をねぎらって言うのが基本である。なお、「お疲れさま」なら目上の相手にもOK。

## 落ち着かれましたか

災難や不幸などに見舞われて、それが収拾した頃合いを見計らってかけるねぎらいフレーズ。混乱した相手の平穏を願う気遣いが感じられるひと言。

## ゆっくりお休みください

休息を勧めることで、ねぎらいの気持ちを表現する言い方。大きなプロジェクトを成し遂げたとき、体調を崩し入院したとき、また退職したときなど、このフレーズの守備範囲は広い。

## 大変でしたね

異変に遭遇したものの、解決・沈静のめどがついてきたときにかけるひと言。たとえば、仕事上でトラブルが発生した、家庭に揉め事が起こった、病気で入院したなど。

## ご心痛お察しいたします

相手がつらい出来事に直面したときに、その心情を汲み取ってかける言葉。「ご心痛」も「お察し」も丁寧な言い回しなので、深刻な場面で用いるのが相応しい。

## とんだ災難で案じておりました

交通事故に遭った、空き巣に入られたなど、思わぬ不利益をこうむることがある。そんな相手に再会できたときに使うフレーズ。「まずはご無事でなにより」という気持ちをにじませている。

## 私でお役に立てることがあれば

思わぬ事故や突然の不幸に見舞われ、事後処理や葬儀などで、てんてこ舞いの相手に申し出るひと言。実際に何かを手伝うというよりは、励ましの意味合いが強い。

# さぞかしご心配でしたでしょう

相手の身内が災難に見舞われたときのいたわりの言葉。「落ち着かれましたか」と同様、尋ねる形にすることで、ねぎらいの気持ちを強調している。

# ご無理なさらないでください

入院していた人が退院してきたときなどに用いる定番フレーズ。似た表現に「くれぐれもお大事になさってください」がある。

# 気に病むほどのことではありませんよ

仕事の結果が思わしくなく落ち込んでいるとき、人間関係のトラブルに巻き込まれて沈んでいる相手などをなぐさめるひと言。この言葉で心理的負担を軽くしてあげたい。

## 私にも似たような経験があります

失敗して落ち込んでいる人がいたなら、この言葉を。とくに、自分が先輩や上司の立場なら、「自分にも失敗がある」と告げることで、相手も前向きな気持ちになれるはず。

## 誰にでも失敗はありますから

「私にも似たような経験があります」と同様、失敗で落ち込んでいる人を元気づける定番フレーズ。これをサラリと言えるくらいの余裕を持った大人は、格好よく映るものだ。

## よかったら事情をお話しください

つらいことに出遭ったり、悩みを抱えたりしているときは、誰かに話を打ち明けるだけで救われることがある。とはいえ、無理に聞き出そうとするのは、要らぬお節介というもの。

# かえってよかったのかもしれませんよ

事態が思わぬ方向に進んでしまい、相手が沈んでいるときのなぐさめの言葉。「それでも結果は悪くはないですよ」と言うことで、相手を励ます大人の台詞。

Chapter 10

# 訪問・来客時の
# マナーと言葉

# 大切な相手の家を訪問するときの社会人言葉

## 初めてお目にかかります

知人のご両親など、目上の相手を紹介されたときの挨拶言葉。「初めまして」が一般的だが、丁寧な対応が必要な人にはこの表現を使いたい。また、ビジネスにおいても取引先の役職者などに使う。

## ご高名はかねてからうかがっておりました

とくに世間から認められている人への敬意を伝える初対面の挨拶言葉。高い評価を受け、広く一般の人々に名前を知られている人に対して使う。それほど高名ではない人に使うと失礼になるので注意。

| 訪問する・来客を迎える | 大切な相手の家を |
| call on , serving customers | 訪問するときの社会人言葉 |

## 本日はお時間をいただきありがとうございます

目上の人や上司の家を訪問したときに、まずはこのフレーズを。わざわざ家に招いてくれたことへの感謝の気持ちを忘れないようにしたい。

---

## 若輩者ですが、どうぞよろしくお願いいたします

自己紹介の挨拶をした後で、このひと言を添えるとよい。「若輩者」は「若くて経験が浅い者」のこと。ただ、あまりに若い人がいかにも勉強してきたように「若輩者」と言うと慇懃無礼に聞こえるので注意したい。

---

## 一度ご挨拶をと思いまして

日頃お世話になっている人、大事なお客さまなど、挨拶をしなければならない人を初めて訪ねたときのお決まりフレーズ。

# すぐにおいとましますので

ちょっとした用件でお宅や会社を訪れるときに、まず言いたいひと言。暗に「長居しないので、かまわないで結構です」というニュアンスがある。

# 近くまで来たものですから

知人の家や取引先の会社を、突然訪問したときの定番表現。「たまたまついでがありまして」などとも言う。わざわざ訪れたのでは相手に負担をかける場合の言い方。たとえついでがなくても方便として使うのが大人。

# どうぞお気遣いなく

訪問した家で、お茶やお菓子を出されたとき、また食事の接待を受けたときなどに、相手の気配りに対して感謝の気持ちを込めて言う。「どうぞお構いなく」もよく使われる。

# 遠慮なく頂戴いたします

訪問した先でお茶やお菓子を出されたとき、また帰り際にお土産を渡されたときなどに言うお礼の言葉。茶菓子を出されたら、いただくのが礼儀である。

## 訪問先を辞去するときの言葉

# お邪魔いたしました

「お邪魔します」は、相手の家や会社に入るときの挨拶。「お邪魔しました」と過去の形にすると、家や会社を出るときの挨拶になる。

## すっかり長居をしてしまいました

訪問した先を辞去する際の定番の挨拶。長い時間を取ってしまったことに対して申し訳ないという思いを込めている。それほど長居ではなくても、このように言うのがマナー。

## そろそろおいとまさせてください

「おいとま」とは「御暇」と書き、もともとは「ひま」のこと。そこから訪問先から退出することを指すようになった。「そろそろ帰ります」をへりくだって表現するフレーズ。

## 申し訳ないのですが、次の約束が…

予定の時間をオーバーしているが、相手も話が尽きない様子。そんなときは「次の約束が」と言い訳して辞去するのが大人である。

| 訪問する・来客を迎える | 訪問先を辞去するときの言葉 |
| --- | --- |
| call on , serving customers | |

# いずれあらためまして

取引先や目上の相手を訪問して退出するときに使う決まり文句。再び訪問したい気持ちを伝える言葉だが、社交辞令である場合も。

# またお目にかかれますことを楽しみにしております

人と別れるときに言う言い回し。「では、失礼します」だけでは味気ない。「また会いたい」という気持ちを伝えるのが社会人の挨拶である。

# 今度はぜひ私どものほうにお越しください

訪問先を辞去する際に、お礼の言葉に添えて言う。もてなしを受けたことに対し、「お返しに次は私が招きます」という感謝の気持ちをにじませている。もてなしに対するお返しは、社会人の礼儀である。

# 来客を迎えるときの社会人言葉

## お忙しい(お暑い)なか、お越しいただきまして

ビジネスにおいて、自社を訪ねてきた来客の応対はひじょうに重要である。わざわざ出向いてもらったお客さまに言う感謝の言葉。ほかにも「遠いところをおいで願いまして……」などの言い方がある。

## お待ちしておりました

受付担当者の対応はその社のイメージを左右する。訪問者が身分と面会相手を告げたら、感じよく「お待ちしておりました」と微笑みたい。

## ご足労いただきありがとうございます

相手の訪問に感謝する際のお決まりフレーズ。相手を立てて「わざわざ会社にお越しいただきありがたい」と相手に敬意を示している。

## どうぞお上がりください

自宅を訪れたお客さまを玄関で迎え入れるときに使う。家の中へ入ることを勧める定番フレーズ。また、お茶やお菓子を出したときに「お召し上がりください」の意味でも用いる。

## ただいま呼んでまいりますので

取引先のお客さまが訪れたが、あいにく担当者が席をはずしている場合がある。そのとき「お待ちください」だけでは物足りない。「ただいま呼んでまいります」まで言えてこそ完璧。

# 失礼ですが、お約束はいただいておりますか

明らかに飛び込み営業と思われる客人が上司を訪ねてきたときには、約束の有無を確認する必要がある。そんなときでも「アポはありますか」では失礼。最低限の礼儀をもって応対したい。

# 申し遅れましたが、私、○○と申します

初対面のお客さまに挨拶をしようとして、タイミングを逸してしまったときの決まり文句。打ち合わせに途中から参加する場合など、このひと言を言ってから参加したい。

# ご案内いたします

来客を迎えて応接室に通すとき、「どうぞこちらに」では半人前。「ご案内いたします」と言って、来客に背を向けないように体を斜めにし、来客の斜め前を歩くのがマナー。

# よろしければ
# コートをお預かりいたします

冬場はコートを手にしているので、それを預かる気配りを。この際「よろしければ」を添えると丁寧さが伝わる。荷物を抱えている客人には「よろしければお荷物をお預かりいたします」。

# おもたせで失礼ですが

「おもたせ」は、「御持たせ」と書き、客が持ってきた土産のこと。もてなす側が、さっそくその土産を客人へ出すときに使う。

# 粗茶でございますが

客人にお茶を勧めるときに言う言葉。ただ「どうぞ」といって出すよりも、このひと言を添えるのが、大人のもてなし方である。「つまらないものですが」と同様にやや古風な言い回しだが、まだ生きている言い方。

# 来客を送るときの社会人言葉

## おかまいもできませんで

来客が訪問先を退出する際に、もてなす側が言う定番フレーズ。精一杯のもてなしをしていても、謙遜して言うのが常識である。

## お引き止めしてしまいました

来客を見送る側が言う決まり文句。たとえ引き止めたわけでもなく、また話が盛り上がって楽しんだとしても、相手を立ててこのように言うのが礼儀である。

| 訪問する・来客を迎える | 来客を送るときの社会人言葉 |
|---|---|
| call on , serving customers | |

# どうぞそのままで結構でございます

来客が辞去する際に、食べたり飲んだりしたものを片付けようと気配りを見せたとき、気遣いは無用と伝えるひと言。

# お足元にお気をつけて

お見送りする時間が遅くなってしまったときは、「お足元にお気をつけてお帰りください」と言えれば完璧。

# ぜひまたいらしてください

来客を見送る際に、訪問してくれたことに感謝する気持ちを伝える定番の言い回し。「また来てください」ではあまりに子どもっぽい。

# 差し上げるものに ひと言 添えるときの言葉

## 心ばかりの物ですが

「心ばかり」とは「わずかに気持ちを表したもの」。訪問先で手土産を差し出すときに謙遜して添える常套句。「つまらない物ですが」と言う人もいるが、こちらはやや古風な印象がある。

## 気持ちばかりですが

これも「心ばかりの物ですが」と同様に、訪問先で手土産を渡すときに使う定番フレーズ。それほど高価ではないが、気持ちを込めているということをへりくだって伝えている。

# ほんのこころざしですが

「ほんの気持ちです」と謙遜して、訪問した相手に贈り物などを渡すときに使う。ここでの「こころざし」は、「心ばかりのささやかな品」のこと。よりかしこまった言い方なので目上の相手に使いたい。

# ほんのしるしですが

これも訪問先に贈り物を渡すときに添える言葉のひとつ。「たいした物ではないが、気持ちを込めた物です」と謙遜して使う。「しるし」は「感謝の証し」「気持ちを表した証し」という意味。

# ささやかな物ですが

贈り物を差し出す側が謙遜して言う前置き表現。「ささやか」は「小さく取るに足りない、形ばかりの」といった意味である。「どうぞお召し上がりください」などと続けて使う。

## お近づきのしるしに

初めての訪問先に贈答品を渡すとき、「これからお付き合いしていただくために」という気持ちを込めて使う言葉。ご近所への引越しの挨拶でよく用いられる。

## どうかご笑納くださいませ

「笑納《しょうのう》」とは、文字通り「つまらない物なので、笑ってお納めください」という意味。フォーマルな言い方なので、贈答品を送るときに添える挨拶状にも使うことが多い。

## どうぞお召し上がりください

来客にお茶やお菓子などを出してもてなすときに添えるお決まりフレーズ。「どうぞ食べてください」では直接的すぎるので、ここは品よくこの言葉を使いたい。

## お口に合いますかどうか

もてなす側が客人にお菓子や食事を出すとき、相手の好みへの気遣いを見せるためのフレーズ。または、訪れた先に菓子折りを差し出すときにも使える。

## お口汚しですがどうぞ

「口汚し」とは、食事が粗末であったり少量であったりすることを指す。目上の相手を家に招き、食事を勧めるときに謙遜して添える言葉。訪問先で手土産を差し出すときにも使える。

## まずは御一献いかがですか

もてなす側が、客人にお酒を勧めるときの決まり文句。一献《いっこん》とは一杯のこと。やや古めかしい言い回しだが、目上の相手ににっこり笑って使えるようなら、一人前の社会人だ。

## 今日はこちらにお任せください

得意先を酒や食事に誘ったとき、お勘定を誰が払うか心配させないために、前もって「今日はお誘いしたこちらにお任せください」と言っておくのが、スマートな誘い方。

# 贈り物・もてなしへのお礼を伝えるひと言

## ありがたくいただきます

贈り物や土産物を差し出されたときに、感謝の気持ちを伝える基本の言葉。相手の厚意を素直にいただくのがマナーである。目上の相手にも同等の立場の相手にも使えるフレーズ。「ありがたく頂戴します」とも。

| 訪問する・来客を迎える | 贈り物・もてなしへの |
| call on , serving customers | お礼を伝えるひと言 |

## お心遣い痛み入ります

品物をいただいたとき、食事や酒席に招かれたときなどに、ややかしこまって相手に感謝して言う言葉。「痛み入る」は、相手の厚意にとても恐縮していることを表している。

## ご丁寧にありがとうございます

手土産や中元、歳暮などをもらったときに述べる、お礼の基本フレーズ。「ご丁寧に」をつけることで、より相手の厚意に感謝していることを伝えられる。

## お気遣いありがとうございます

「ご丁寧に〜」と同様、人から贈り物をいただいたりご馳走になったとき、相手の心配りに感謝して言う定番フレーズ。取引先や目上の相手に用いたい。

# たいへん珍しい物をいただきました

贈答品をもらったとき、ただ「ありがとうございます」では月並みすぎる。ここは「珍しい物」とひと言添えて、その品物の値打ちをわかっていることを伝えたい。

# よいお店をご紹介くださりありがとうございます

食事や酒席に招待されたとき、その店を気に入ったと伝えることで、お誘いの感謝を表している。選んだ店をほめられて、悪い気になる人はいない。

Chapter 11

# 会議・プレゼン・電話応対で恥をかかない大人言葉

# スムーズに会議を進める進行役の言葉

## ○○さん、ご意見をいただけませんか

「ご質問がある方はいらっしゃいますか」などと促しても、なかなか意見が出てこない話し合いもある。そんなときは「○○さん」とズバリ名指しで意見を求めるのが秘訣。

## 今のご質問に関して、○○さん、いかがでしょうか？

会議では発言者が一部に偏り、まったく発言しない人が必ず出てくるもの。そこでこのフレーズを使って、発言しない人を指名して説明を促す。

## すみませんが、
## ～に絞ってご発言ください

発言者の話がそれていると感じたら、「～に絞って」と議論の主題を提示するとよい。発言者に、いまなにが議題の中心となっているかを再確認させることができる。

## 貴重なご意見をありがとうございました

ひとつの議題の終了と同時に進行役が言う定番のフレーズ。発言してくれた方々への敬意を込めて言おう。「さまざまな視点からのご意見を～」などと変化をつけてもよい。

## そろそろ時間が迫っておりますので

議論が続いている最中に、会議終了の時刻になったときの定番の表現。このあとに、「手短にお願いいたします」「あと、おひとりの方にお願いいたします」などと付け加える。

# 出席者が意見を述べるときの知的なひと言

## ひとつ質問させていただいてよろしいでしょうか

ある意見に疑問や反論があったときに、自分の意見を述べる際のお決まりフレーズ。「疑問がある」「反論がある」と言っては角が立つので、そこを「質問がある」と言い換えるのがミソ。

## 要約させていただくと～ということでしょうか

要領を得ない発言や的を射ない発言には、そのことをズバリ言うのではなく、こちらで汲み取って言い換えてあげたい。そんなときの格好の表現がコレ。

## いまひとつ釈然としないのですが

発言者の説明を理解できない、納得できない部分が残るときに使う表現。相手によっては強い非難と感じる場合があるので乱用は避ける。「少しわからない点があるのですが」「私の誤解だったらすみません」などとも。

## その件についてご報告させてください

ある用件について反論や質問が出たとき、反論された側が、切り返すときの第一声。反論や質問が出ることをあらかじめ予想していて回答を用意している場合に使える。

## 見解の相違かもしれませんが

反対意見を述べるときに前置きとして使われる言葉。「かもしれない」と付けることで、「あなたの意見も尊重しています」というニュアンスを含ませている。

## ○○さんのご意見について
## もう少し聞かせてください

相手の意見を早合点して反論するほど、みっともないことはない。反論する前に、相手の考え方を明確にしておく必要がある。納得できない点について、説明を求める言い方。

プレゼン・打合せを
成功に導く
キメ言葉

## 私のほうからご説明申し上げます

複数人で打ち合わせや商談に臨む場合、それぞれが勝手に発言してはまとまりがない。発言する人が、このように宣言することで、聞く側の注意を引くことができる。

## かいつまんで申し上げますと

説明は要領よくツボを押さえてしたいもの。「かいつまんで」とは「要点をまとめて」の意。同じような言い方に「端的に申し上げますと」がある。

## 結論から申し上げますと

商談やプレゼンにおいて、まずゴールを示した上で、それに至る過程を説明したいときの常套句。結論を前もって明確にしておくことで、言いたいことがはっきり伝わり、その後の議論も深まるというもの。

## ここまでは<br>ご理解いただけましたでしょうか

こちらが長々と説明したときや、相手が納得してくれているかどうかを確認するとき、途中で話をいったん中断し、この言葉を挟むとよい。ただあまり頻繁に使うと、相手に失礼になる。

## 私どもといたしまして

こちらの考えを述べる際、自社のことをへりくだっていう言葉。「当社は」「我々は」と言ってもよいが、「私ども」のほうが丁寧に聞こえる。

## なにとぞご了承ください

取引先に仕事の条件等を提示し、相手の了解を得たいというときによく用いるフレーズ。「なにとぞ」は「ぜひとも」「どうしても」という意味で、相手に懇願している姿勢が示せる。

## 口幅ったい言い方ですが

「口幅《くちはば》ったい」とは「言うことが身の程知らずで生意気」なこと。目下の者が目上の相手に、またはお客さまに、なにか意見するときに前置きで使う言葉。「口幅ったいことを申し上げるようですが」とも。

## そうしていただけると ありがたいのですが

こちらに都合がよい条件で話がまとまりそうなとき、あと一押しに使うひと言。「そうしてくれるとうれしいんですけど」と言う若手ビジネスマンがいるが、「そうしてくれる」はない。

## ゆっくりお考えいただければと

商談であまり結論を急ぎ過ぎると、破談ということも。相手に検討してもらう時間を与えるときの定番表現。ときには相手の都合に配慮している姿勢を示すことも、商談成功につながる。

## お手伝いできればと存じます

一般的には相手に仕事の手助けや助力を申し出るときの丁寧な表現だが、さらにそこから広がって、「仕事を自社（私）に、ぜひ任せてほしい」という意味合いで、プレゼンの契約を促す場面などでも使われる。

## ぜひご検討いただけませんか

商談やプレゼンで、新企画や新事業などの提案をするときの決まり文句。「お願いします」と頭を下げるよりも押し付けがましくなく、礼儀正しく頼りがいのある印象を与えられる。

## 忌憚のないお考えをご教示ください

「忌憚《きたん》」とは「遠慮や気遣いがある」ことの意。「忌憚のない考え」で「遠慮のない率直な意見、考え」のこと。ややフォーマルな言い方なので、目上の相手に意見を求めるときに使える。

## ご検討いただきありがとうございました

取引先に新企画や提案の検討を依頼し、回答をもらったときの答え方。たとえその企画や提案が不採用だったとしても、この言葉を添えて、検討してくれたことへの感謝を表すのが礼儀。

## 次の機会には
## よろしくお願いいたします

前項の「ご検討いただきありがとうございました」のあとに続ける言い回し。両社の関係を一回限りにせず、これからもお付き合いしていきたいという前向きな気持ちを表現している。

# 好印象を与える電話のかけ方とマナー

## 夜分恐れいりますが

「夜分」に明確な時刻の定義はないが、常識的に考えれば、夕食をすませくつろいでいる時間帯だろうか。その時分に相手先に電話をかけたなら、まずこの前置きフレーズでその失礼を詫びる。

## お食事どきにすみません

訪問するときはもちろん、電話をかけるときにも食事の時間帯はできるだけ避けるのが礼儀である。だが、どうしてもその時間帯にかけなくてはならないときに言いたいお詫び表現。「時分どきに〜」とも言う。

## いま、お時間よろしいでしょうか

電話は突然にかかってくるものだから、そのとき手が離せないこともある。電話で用件を切り出す前に、このひと言で相手の都合を確認する気遣いを見せたい。

## (いつも)お世話になっております

仕事の電話なら、名乗ったあとはこのひと言が必須だろう。電話を受けるときにも、同じように使える言葉。

## ○○さんは お手すき(ご在社・ご在宅)でしょうか

電話に応対した人に、相手がいるか確認するときの定番フレーズ。「ご在社」「ご在宅」を使うのが一般的。「お手すきですか」は、相手がいることはわかっているが、電話に出られる状況かを尋ねる言い方。

## 恐縮ですが、お戻りになられましたら

相手が不在だったとき、戻ったら電話がほしいと、電話に応対した人に頼む言い方。応対してくれた人を立てるのが礼儀。「恐縮ですが」の代わりに、「お手数をおかけしますが」でもOK。

## のちほど、改めてお電話いたします

相手が不在だからといって、誰にでも折り返しを頼んではいけない。目上の相手への電話や、こちらの依頼事で手数をかけるような用件の場合は、「こちらからかけ直す」のが礼儀。

## お手数をおかけしますが、ご伝言をお願いします

相手が不在だったとき、電話に応対した人に伝言を取り次いでもらうときの頼み方。ほかに「ご面倒をおかけしますが」とも。

## 好印象を持たれる電話の受け方とマナー

## お待たせいたしました

電話を取り次いだときに最初に言うお決まりの言葉。「はい、もしもし代わりました」では社会人とは言えない。長く待たせた場合は「お待たせして申し訳ございません」。

## 少し（少々）お待ちください

電話口で相手を待たせるときに言う台詞。たとえば、取引先からの電話を受け、担当者に取り次いでほしいと言われ、電話を担当者に代わるときに使う。

## お電話が遠いようで

かかってきた電話の相手の声が聞き取りにくいときのうまい表現。「電話が聞こえないのですが」「聞き取りにくいのですが」と直接言うのは控えたい。

## いただいたお電話で恐縮ですが

電話をかけてきたほうが用件を話すのがふつうだが、電話を受けた側も用件がある場合、自分の用件を切り出すときに使う言葉。「かけてきてくれた電話で私の用件を話すのは心苦しい」という気持ちをのせている。

## あいにく○○は席をはずしております

取引先からの電話を受けたら、担当者（○○）に取り次いでほしいと言われた。しかし当人が、外出しているわけでもないのに見当たらない場合（トイレかもしれない）、この言い回しを使う。

## 戻り次第、折り返し お電話を差し上げるようにいたします

取引先が不在の担当者に電話をかけてきたとき、「○○は外出しています」という応対だけでは物足りない。担当者が戻り次第、電話をかける旨を相手に伝えることが必要。

## お差し支えなければ私が承りますが

取引先からの電話を受けたが、こちらの担当者があいにく不在。そこで相手からの用件をうかがうときに使う定番フレーズ。自分が聞いて支障がないか、相手にまず確認する。

# 念のため、繰り返させていただきます

電話口の相手と、日時や住所、電話番号などの数字をやりとりしたときは、確認のために復唱するのが常識。そのときの決まり文句。「復唱させていただきます」でもよい。

# 念のため、お電話番号をうかがえますか

不在の担当者あてに、取引先からかかってきた一本の電話。取引先は担当者が戻り次第電話がほしいと求めている。そんなときの相手の電話番号の尋ね方。「お電話番号をうかがってもよろしいですか」とも。

# ○○と申しますが、お名前をうかがえますか

相手が名前も名乗らず、唐突に用件だけを切り出してくる場合がある。非常識な相手だが、まず自分の名を名乗り、相手の名前を「うかがえますか」と敬意を払って尋ねるのがうまい応対。

## ○○に申し伝えます

相手から担当者（○○）に伝言を頼まれたときの答え方。伝言の内容を復唱して確認し、「かしこまりました。○○に申し伝えます」と担当者の名前を言えば完璧である。

## ○○がお受けいたしました

「責任を持って、私（○○）があなたの電話を受けた」という意味で、最後に自分の名を名乗るのが、正しい受け方。「○○が承りました」とも言う。

## お電話いただきありがとうございました

ビジネス、とくに客商売では必須の言葉。電話をしてきたお客さまに対し、冒頭は「ありがとうございます」、最後は「ありがとうございました」。たとえクレームの電話でも、最後は感謝を述べるのが鉄則。

Chapter 12

# お祝い・お見舞い・お悔やみの常識言葉

# 結婚式・披露宴・パーティなどでのお祝いの言葉

## 心からお祝い申し上げます

式典の主催者を前にして、また披露宴では新郎・新婦やその親族に会ったら、まずこのひと言を伝えよう。友人なら「おめでとう」でもよいが、目上の相手や仕事関係の人にはもっと丁寧に。祝電にも使える。

## まことにおめでとうございます

このフレーズも、披露宴に招かれた際に新郎・新婦やその親族へ、また式典に出席したときに主催者へ贈るお祝いの言葉。

## お似合いのお二人ですね

新郎・新婦の両親や両家の関係者には、「おめでとうございます」の後にこのひと言を添えると気が利いている。新郎・新婦の晴れやかな印象をほめ、将来の幸せを祈る気持ちが込められている。

## ご多幸をお祈り申し上げます

会話よりも祝辞や祝電の結びの言葉としてよく使われる。結婚式の招待状への返信やお祝い品を送る挨拶状に添えるとよい。

## 末永くお幸せに

披露宴の出席者のお祝いのスピーチでよく用いられる定番フレーズ。披露宴の会場を出るときに、出迎えた新郎・新婦に「おめでとう。末永くお幸せに」と声をかける場合が多い。

## 本日はお招きにあずかり ありがとうございます

披露宴でご祝儀を受付で渡すとき、「おめでとうございます」のあとにこの言葉を添えるとよい。

# お祝いのスピーチで慣れた印象を持たれるひと言

## ご指名を賜りました○○でございます

お祝いの行事で、スピーチを述べるときにまず切り出す言葉。お祝いの席では、司会役が式次に従って話者を紹介するのがふつうなので、名前を呼ばれたらこの台詞を。

| お祝い・お見舞い・お悔やみ　manners, ceremonies | お祝いのスピーチで慣れた印象を持たれるひと言 |

# ご紹介にあずかりました○○です

前項と同様に、お祝いの行事でスピーチを頼まれたときの最初の挨拶。みなの前で紹介されたことを丁寧に「ご紹介にあずかり」と表現し、このあと自分の名を名乗ればよい。

# 光栄にもご指名を賜り

祝辞や乾杯の音頭を頼まれた人が最初に述べる言葉だが、前項よりかしこまった表現。地位の高い相手のお祝いの席で、祝辞を述べるのは大役である。その役目をもらった緊張と喜びを表現している。

# 新生活の門出をお慶びいたします

披露宴での祝辞の定番言葉。新郎・新婦が二人で歩むこれからの人生のスタートを祝う言葉。「新生活の門出」のフレーズを「人生の船出」などと言うと、ぐっと渋みが増す。

## ご両家のご多幸とご繁栄を お祈り申し上げます

披露宴の祝辞では、新郎・新婦へだけでなく、両家へのお祝いの言葉も述べる場合がある。新郎・新婦の友人ではなく、仕事関係の間柄に使うとよい。祝電にも。

## お二人の船出に 幸多かれとお祈りします

披露宴の祝辞の最後に述べる結びの言葉。結婚を「船出」にたとえるのは、祝辞の定番フレーズ。「幸多かれと祈る」というフレーズは、お祝い状などでもよく用いる。

## はなはだ僭越ではございますが 乾杯の音頭を取らせていただきます

祝賀会、新年会、歓送迎会などでは乾杯は外せない。その音頭の決まり文句。「僭越《せんえつ》ではございますが」は「自分の地位を越えて出すぎたことをするが」という意味で、乾杯の音頭を取る人が謙遜して言う言い方。

# 乾杯の前に
# ひと言述べさせていただきます

乾杯の音頭を取る人が、乾杯前にお祝いを述べるときの前置き表現。出席者がグラスを片手に長く待たずにすむよう、祝辞は短かめにするよう注意したい。

## 栄転・昇進
## される方への
## お祝いのひと言

# ますますのご活躍を
# お祈り申し上げます

栄転や昇進が決まった人へのお祝いの決まり文句。「ご栄転おめでとうございます」のあとに添えたい。「ますますの」とつけることで、これまでの相手の仕事ぶりにも賛意を表せる。

## 新しい職場での
## ご活躍をお祈りしております

転勤していく人へのお祝いの言葉。転勤がたとえ栄転ではなくても、「ご活躍をお祈りしている」と前向きな言葉で締めること。

## いっそうのご発展とご健康を
## お祈りいたします

転勤していく人への祝辞を述べるとき、最後に添える結びの言葉。取引先や仕事関係者へのビジネス文書の最後の締め言葉としてもよく用いられる。

## お送りするのはまことに残念ですが

転勤していく上司や先輩を送るときによく使われる。在任中の仕事ぶり、業績、人柄を語ったあとに、このような言葉で、栄転を喜びながらも別れを惜しむ気持ちを表すとよい。

# たいへんな盛会で、これもお人柄ですね

昇進祝いや栄転のお祝いに大勢が集まった会で、本人にかけると喜ばれる言葉。人柄をほめることは、祝辞のセオリーである。

## パーティなどでのお祝いへのお礼のひと言

# 過分なお言葉をありがとうございます

「過分《かぶん》」とは「身に余る」という意味。昇進祝い、就任祝い、栄転祝いなどさまざまなお祝いの会でいただいた祝辞に対して、自らをへりくだってお礼を述べる基本形。

## 身に余るお祝いのお言葉、まことに有り難く存じます

前項と同様、「自分の業績や立場を越えたありがたい言葉」「もったいない言葉」に恐縮する意味で、祝辞に対する返礼に使う。「過分なお言葉をありがとうございます」よりさらに丁寧に表現している。

## 皆様のお力添えのおかげです

昇進祝いや役職就任祝いの会で、本人が祝辞をくれた人たち全員に対して述べるお礼の言葉。「自分が昇進できたのは皆の助力、協力のおかげ」と謙遜して言うのが礼儀である。

## 今後とも精進してまいりたいと存じます

栄転や昇進昇格祝いに対するお礼であっても、謙虚な気持ちを表すことが肝要。「今後も頑張っていく」気持ちを述べる言葉。

## これからもご指導をお願いいたします

転勤していく人、部署を異動する人が、これまでお世話になった周囲の人に述べる挨拶。別れるといっても同じ会社なら今後も共に仕事をすることになるので、「指導をお願い」するという言い方がよい。

## 本日は心温まるお祝いの会をありがとうございます

歓送迎会や昇進祝いの会など、自分のために職場の仲間が会を催してくれたとき、お礼のスピーチでまず言いたいひと言。開いてくれた会を「心温まる会」と言うのがポイント。

## もったいないお言葉を頂戴し

お祝いの会で、目上の相手や上司から祝辞をいただいたとき、お礼のスピーチで述べたい言葉。あらたまった言い方なので、地位の高い上司、気を遣うべき相手に用いたい。

# 気持ちが伝わるお見舞いのひと言

## お加減はいかがでしょうか

病気や怪我で療養している人にかけるお見舞いの基本形。「ご気分はいかがですか」とも言い換えられる。「具合はいかが」という言葉もあるが、とくに目上の相手には「お加減」「ご気分」のほうがよい。

## 一日も早いご回復をお祈りしております

会話より文面で用いる言葉。たとえば、病気や怪我で入院している人に、お見舞いの手紙を書くとき、結びに用いる。

# ご案じ申し上げておりました

病気見舞いでは、自分本位ではなく病人の気持ちを思いやることが大事。この言葉には、相手のことを心から心配していたという気持ちがある。

# お元気そうで安心しました

病気で療養中の人の気持ちが、前向きになる言葉。友人なら「元気そうで安心したよ」。間違っても「大丈夫？」「つらそうね」と言わないように。それは無神経というもの。

# ご用心されるに越したことはありません

退院してきたばかりの人、病気が治癒したばかりの人にかけたいひと言。「退院したあとの経過も心配しています」という気遣いが感じられる。

## いまは大切なときですから、十分ご養生ください

取引相手や目上の人が入院したとき、お見舞いの際にかけたいひと言。仕事が気になっても、いまは仕事を忘れて養生してほしいという気持ちを丁寧に表している。

## どうかあせらずにご養生ください

入院中の上司や先輩を見舞いに行ったとき、「仕事のほうは大丈夫ですから」は禁句。あなたがいなくても会社は回せると告げているようなもの。この言い方なら体を案じる気持ちも十分伝わる。

## どうぞお大事になさってください

風邪を引いた、具合が悪いなどの相手を案じてかけるお決まりフレーズ。病院では、「どうぞお大事に」という言葉をよく耳にする。

## ご家族の皆様もさぞお疲れでしょう

家族に病人や介護が必要な人がいると、本人だけでなく家族全員に負担がかかるもの。この言葉で、その家族にまで気を遣う心配りを示したい。

## ご看病、お疲れさまです

病院で病人に付き添って看病している人への気遣いの言葉。病人を見舞ったあとに、付き添う家族にもこの言葉を忘れずに。

## みなさま、ご無理をなさいませんように

病人や介護が必要な人を抱えている家族は、自分の時間を割いて介護や付き添いに当たっている。疲れた様子が見受けられたなら、このひと言を。

## 私にできることがありましたら、何なりと

長期の療養が必要な病人を抱えている家族には、助けや手伝いを申し出るひと言をかけるのも思いやり。実際に何かを手伝うことはできなくても、支えたい気持ちを表したい。

# 葬儀で
# ご遺族にかける
# お悔やみの言葉

## このたびはご愁傷さまでございます

お悔やみで注意したいのは、遺族に余計なことは言わずに定番の言い回しでとどめておくこと。「ご愁傷さま」はもっとも一般的な、遺族や関係者に言うお悔やみの言葉。手紙や弔電《ちょうでん》では使わない。

## 心よりお悔やみ申し上げます

これも葬儀や通夜で遺族にかけるもっとも一般的なお悔やみの言葉。口頭ではもちろん、手紙や弔電でも使える。その場合「謹んで」を文頭に添えることが多い。

## このたびは突然の(思いもかけない)ことで

葬儀に参列した者が遺族にかけるいたわりの言葉。とくに急逝された際に用いる。長年闘病生活をしていた人には使えない。「突然のことで……」と、その後の言葉は濁してよい。

## お力落としのことと存じます

大切な人を失って悲しみにくれる遺族の心情を思いやる定番のフレーズ。「さぞご無念のことと存じます」とも言い換えられる。

## ご胸中お察し申し上げます

思いもよらず突然の事故で大事な人を亡くしたり、子どもを亡くして悲痛な思いでいる遺族にかけるいたわりの言葉。

## お慰めの言葉もありません

お悔やみ状などで「なんと言葉をかけてよいかわからない」と言う言い方で悲しみを伝えるひと言。目上の相手には「ご逝去の知らせを受け申す言葉もございません」などとしたためる。

## 信じられない思いでおります

知人が突然に亡くなった場合、訃報《ふほう》を受け入れ難い気持ちを伝える言葉。弔問《ちょうもん》の際に遺族に口頭で伝えることもできるし、葬儀からしばらくあとにお悔やみ状を書くときにも用いられる。

## もっとお付き合いして いただきたかったのに

故人が自分と親しい関係だったとき、または一緒に仕事をしてきた同僚や上司の場合、故人の思い出に触れながら、悲しみを遺族に告げる言葉。

## さびしくなります

家族を失った遺族であれば、そのさびしさは当然だが、故人と親しい間柄である場合、自分もさびしくなると伝える。遺族と喪失感を分かち合う言葉。

## 心からご冥福を お祈り申し上げます

弔電ではもっとも一般的に用いられる定番の文句。「ご冥福をお祈りする」とは、「故人の死後の幸福をお祈りする」という意味。

## 取るものも取りあえず伺いました

故人の訃報を受け、あわてて弔問に駆けつけたことを遺族に伝える言葉。不慮の事故で突然に亡くなった場合など、思ってもいなかった訃報に驚きうろたえている気持ちを表している。

## お手伝いできることがございましたら

葬儀や通夜では遺族と親しい者や会社の同僚、部下などが受付や道案内などの手伝いをするのが一般的。係に指名されていなくても、遺族と親しい間柄なら、葬儀のときにこのひと言を。

## 気持ちばかりですが、ご霊前にお供えください

葬儀やその後の法要の際、香典やお供え物を遺族に差し出すときに添える決まり文句。ただ「お供えください」とだけ言うより「気持ちばかりですが」と添えたほうが、故人に対する尊崇《そんすう》を表せる。

Chapter 13

# 感じの良い言葉選びで印象はこんなに変わる

# 困った相手をこんな言い方で上手にほめる

## 説明が丁寧ですね

本人は一生懸命に話してくれるのだが、どうも要領を得ない。いわゆる説明が「まわりくどい」人。「○○課長って、まわりくどいよね」と、同僚から同意を求められたら、「説明が丁寧なんだよね」とフォローしたい。

## 媚を売らない人ですね

「愛嬌がない」「愛想が悪い」人とは、あまり付き合いたくないが、「媚《こび》を売らない」と言い換えればどうだろう。自分の信念で行動する実直さが前面に押し出され、信用できる人に思えてくる。

# 肩の力が抜けていますね

仕事に「緊張が足りない」と言えばマイナスイメージだが、「肩の力が抜けている」と表現すれば、リラックスして落ち着いている雰囲気が伝わるから不思議。

# 情報通ですね

「口が軽い」「噂好き」と言ってしまうと悪い印象になるが、「情報通」ならずっとポジティブな印象になる。直接言わない場合でも、大人なら相手のよい面をとらえてこんな言い換えをしたい。

# 常識にとらわれない（フリーダムな）人ですね

「常識がない人」と言うと社会人失格としか思えないが、「常識にとらわれない」と言えば発想力豊かな人という印象になる。よりカジュアルに言えば「フリーダムな人」。これならユーモアをまじえてフォローできる。

## 慎重派ですね

「決断が遅い」「優柔不断」とそしられる人も、見方を変えればいろいろな可能性を考えて熟考していると言えるかもしれない。ポジティブな側面にも目を向けよう。

## 協調性がありますね

「八方美人」というと悪口だが、人付き合いには協調性も必要。とくにこうしたタイプには、プラスの面に光を当てて接したい。「分け隔てなく人と接する」とも言える。

## 臨機応変ですね

「出たとこ勝負」「行き当たりばったり」「無計画」「朝令暮改」なタイプでも、視点を変えればこんなふうにほめられる。案外、うまく世渡りしていくのがこのタイプなのではと思えてくる。

# 裏表がない人ですね

「単純な人」「何も考えていない人」といえばそうかもしれないが、相手によって態度を変えない、作為がないというのは美点でもある。子どもっぽい人とも言えるが、少なくとも悪気はないのがこのタイプか。

## あえてカタカナ語でやんわりポジティブに言い換える

# チャレンジングな

「無茶」「無謀」「無策」では困るが、何にでも挑戦する姿勢は大切ではないだろうか。勝算の低い勝負にあえて打って出る相手や、新しいプランを進める同僚や後輩に使いたい言葉。

## オーソドックスな

「教科書どおり」「ふつうすぎる」といったニュアンスも、「オーソドックスな雰囲気ですね」と言えば、「ありきたりな」「つまらない」といった印象が薄まる。「ベーシックな」でも印象は悪くない。

## ナチュラルな

「素朴な」「かまわない」では身も蓋もないが、「ナチュラル」ならおしゃれなイメージが加わる。派手ではないが素材のよいラフなファッションをほめる際にもぜひ使いたい言葉。

## レトロな

レトロスペクティブの略語。「古くさい」「昔風」ではあまり魅力を感じないが、「レトロですね」と言えばほめ言葉に。

| in other words | やんわりポジティブに |
|  | 言い換える |

## リーズナブルな

直訳では「安物」「安価な」という意味だが、「リーズナブル」と言い換えれば、賢くお得なほうをあえて選んでいるニュアンスが出せる。

## ミステリアスな

「秘密主義」と言っては、どこか陰のある悪いイメージつきまとうが、「ミステリアス」と言い換えた途端、魅惑的で人を惹きつけるイメージに変えられる。

## ユーモアがある

地に足が着かず、いつも冗談ばかり言っている人が、あなたの周りにもいるだろう。でも「不真面目」「社会性がない」などと言ってはかわいそう。彼らのユーモアはコミュニケーションの潤滑油になっているはず。

## ナイーヴな

フランス語のナイーヴ（naïfの女性名詞naïve）からきた言葉。「繊細」「傷つきやすい」「打たれ弱い」よりも、ずっとソフトな印象になる。「彼はああ見えてナイーヴなところがあるからなあ」などと使う。

## ビギナー

「初心者」「未経験者」「未熟者」といった意味だが、「ビギナー」とカタカナで言えば、なんとなくこれからも成長するような前向きなニュアンスが感じられる。

## エイジレスな

本来は「年齢を選ばない」「年齢にこだわらない」「歳をとらない」の意味。「年齢が高くても大丈夫」と直接的に言われるよりも「エイジレスな商品です」と言われるほうが、抵抗感は少ないのでは。

## マイペースな

せっかく頑張っている相手に「のろい」「手際が悪い」などと言ってしまっては、努力する気も削がれるだろう。「マイペースだけど頑張っている」と周囲が認めて見守るほうが、本人の効率も上がるはず。

## ロジカルな

「理屈っぽい人」というと、あまり好かれないイメージだが、「ロジカルな人」なら論理的で説得力ある理論展開のできる知性派、という言い方になる。ずっと仕事ができるイメージになるだろう。

## フリーな(の)

もとはもちろん「自由な」という意味。転じて、恋人がいない、定職がない場合も、「彼(彼女)はフリーです」と言えば縛られていない自由さや可能性を感じさせる。

## 参考文献

『すぐに役立つスピーチ例活用ブック』三省堂編修所・編（三省堂）
『話し方の技術が面白いほど身につく本　改訂版』櫻井弘（中経出版）
『「うまく言えない」がなくなる本　会話力を磨く36項』今井登茂子（講談社）
『会議の上手なやり方が面白いほどわかる本』山田豊　横舘暁郎（中経出版）
『正確に伝わる！　わかりやすい文書の書き方』石黒圭（日本経済新聞出版社）
『大人の文章術』中島孝志（主婦の友社）
『葬儀・法要のあいさつ・手紙・マナー』大坪義文・監修（ナツメ社）
『うならせる乾杯・献杯・中締め実例事典』新川夏歩（西東社）
『そのまま使える新郎新婦のあいさつ・手紙実例集』成美堂出版編集部（成美堂出版）
『日本語の類義表現辞典』森田良行（東京堂出版）
『類語大辞典』柴田武　山田進・編（講談社）
『大辞泉　第二版』（小学館）

本作品は当文庫のための書き下ろしです。

ベスト・ライフ・ネットワーク
（べすと・らいふ・ねっとわーく）
「より楽しくもっと快適な暮らし」を合言葉に、家事から文化、美容、健康まで多角的にアプローチするエキスパート。快適な暮らしと人間関係に役立つ情報を収集し、発信し続けている。この本では、デキる人、素敵な人と呼ばれるためのコミュニケーションのコツを紹介。ふさわしい「言い方・話し方」を体系化し、すぐに使えるように工夫した。

だいわ文庫

これ1冊《さつ》で！
感《かん》じよく話《はな》せる
「大人《おとな》の言《い》い方《かた》」辞典《じてん》

著者　ベスト・ライフ・ネットワーク

2013年4月15日第1刷発行
2018年4月25日第2刷発行

発行者　佐藤 靖
発行所　大和《だいわ》書房
東京都文京区関口1-33-4 〒112-0014
電話 03-3203-4511
装幀者　鈴木成一デザイン室
本文デザイン　福田和雄（FUKUDA DESIGN）
本文印刷　信毎書籍印刷
カバー印刷　山一印刷
製本　ナショナル製本
ISBN978-4-479-30430-2
乱丁本・落丁本はお取り替えいたします。
http://www.daiwashobo.co.jp